郢客高情歌白雪

晋人幽隐赋黄卷

我學禪家白骨觀，知霞
藻即瘡瘢塵情割炙墰頃
惱業方孤烜作喜歡春雨春風
喜夜寂人識人嘆人語酸色才便
永無災厄堪洗山雞是彩鸞

禪觀　朋作

明道

今人不解文章

龚鹏程 著

海南出版社

·海口·

图书在版编目（CIP）数据

明道：今人不解文章 / 龚鹏程著 . -- 海口：海南
出版社，2023.1

（龚鹏程文选）

ISBN 978-7-5730-0859-6

Ⅰ . ①明… Ⅱ . ①龚… Ⅲ . ①国学 - 文集 Ⅳ .
① Z126.27-53

中国版本图书馆 CIP 数据核字（2022）第 221662 号

明道——今人不解文章

MINGDAO——JINREN BUJIE WENZHANG

作　　者：龚鹏程
出 品 人：王景霞
策　　划：彭明哲
责任编辑：张　雪
特约编辑：蒋　浩　田　丹　李茗抒
封面设计：unclezoo
责任印制：杨　程
印刷装订：北京雅图新世纪印刷有限公司
读者服务：唐雪飞
出版发行：海南出版社
总社地址：海口市金盘开发区建设三横路 2 号　邮编：570216
北京地址：北京市朝阳区黄厂路 3 号院 7 号楼 101 室
电　　话：0898-66812392　010-87336670
电子邮箱：hnbook@263.net
经　　销：全国新华书店
版　　次：2023 年 1 月第 1 版
印　　次：2023 年 1 月第 1 次印刷
开　　本：787 mm×1092 mm　1/32
印　　张：7.75
字　　数：155 千字
书　　号：ISBN 978-7-5730-0859-6
定　　价：48.00 元

目　录

谈朱熹：我要治国平天下

朱子学，在近代可说是最背时的一系学问了。

先由台湾的情况说起。

台湾从明郑以来的儒学传统，主要靠书院及科举制度维系。而清乾隆、嘉庆诸朝，士林虽以汉学为主，官学却以朱子学为宗。台湾儒学，殊乏汉学气味，唯因功令所系，故奉朱学以供呫哔；亦由闽学渊源，濡染较切使然。本地又无其他学术传统可与之对抗，亦未发展出另一系的思想，所以在科举及书院教育制度的配合下，儒学即循朱子学而展开。

但当时之所谓朱学或儒学，只能说是"不识不知，顺帝之则"，或率由旧章、依样葫芦式的，无甚发明。要论思想、谈学术，几乎找不到什么重要儒者和著作来谈。令人注意者，反而应是儒学如何在台湾成为一种社会性礼俗道德规范的组成部分。

台湾从一个移民社会，到逐渐内地化，最终建设成为一个与移民者家乡的社会体制、价值标准、道德规范、生活礼俗基本一致的社会，其中受过儒学教养的士绅阶层，确实起了极大的作用。这批人，也是稳定社会、维持社会养卫救济秩序的基本骨干。

儒学士绅的这种作用，在日据时期也依然存在，比如建立儒家善堂和儒学宗教化的鸾堂、儒宗神教。台湾人民从祭祀、丧仪、就学、急难救助、日常生活礼俗等方面具体践履，过着儒家式的生活。

从思想层面看，此固不免世俗化且混杂着佛、道及巫术，大有可改进提升之处；但大体上仍可说是一种生活式儒学，在人伦日用中体现着儒家（特别是朱子）所重视的一些价值与人伦规范。《文公家礼仪节》亦经增补改写成为民间通行之《家礼大成》一类东西。吕子振《家礼大成》、张汝诚《家礼会通》等均依朱子之书而作，而对闽台影响深远。我少年时，几乎每个文具行都可买到这类书。

这种情况，事实上也是五四新文化运动以前中国社会的一般现象。所谓儒家，就是朱子影响下的生活伦理。所以朱子的实际作用甚至还在孔子之上。乾隆以后，朱子在孔庙可以不参与配享之列，单独立庙，就是这个道理。义理方面，读书人也到了宁说周、孔误，不道程、朱非的地步。

"五四"以后，情况当然翻转过来。宋明理学，尤其是朱子，简直成了"以理杀人"的罪魁。

1949 年后，台湾这仅剩的、残存的朱子学社会也有了新的变貌。蒋中正先生喜谈阳明学，于是形成新的官学。学术界对儒学之诠释与态度，则由此歧为三途。一是"中研院"、台大等处，延续五四运动以来的精神，以儒学为现代化的障碍，仅摭拾乾嘉汉学以彰明其科学方法而已，厌闻宋明理学，痛诋礼教吃人。二为保卫国故者，以复兴中华文化为己任，上溯朴学，以明统绪，故对宋明理学也甚少阐究。三为新儒家，欲明心复性，以矫时弊，是以多本于宋明理学来发言。

但在广义的新儒家阵营中，对宋明理学的取舍也不一致。钱穆较重视朱子，甚至隐然以当代朱子自居自期。唐君毅、徐复观则并未在程朱、陆王两系中表现太斩截的立场。牟宗三较为特殊，他将二程分开，认为程明道所继承者为孔孟《中庸》《易传》之本义，称之为纵贯系统；程伊川及朱子所开，则为一个新的传统，他称之为横摄系统。因此说伊川、朱熹乃"别子为宗"，明道、五峰乃至以后陆象山、王阳明、刘蕺山所传，才是正宗。受此新说之影响，陆王之势渐张，朱子之学遂日蹙矣。

官学则在蒋氏治下转移至李登辉时，也有另一些变化。李初上台时，为了表示与蒋先生之提倡阳明学不同，准备以别的学术来建构其统治之思想基础。

他最娴熟的当然是基督教，但此不足以为台湾之新号召，于是想到了朱子学。遂于就任之后，筹办了朱子学会议，亲自召见与会学人，又自兼"中华文化复兴总会"会长，出版机关刊物即名《活水》，取朱熹"为有源头活水来"诗意，且可与基督教义相涵。

然而，毕竟貌袭者不能神似，官式工具化儒学也难再成气候，李久而亦厌，乃又转习《易经》等矣。

学界则是另一番光景。

钱穆先生的朱子学，作用于身心，功夫最正，也是他整个学术生命的核心。但表现出来只是史学文献式的，如《朱子新学案》《宋明理学概述》之类，理趣未免不足。因此，先生名望虽高，其朱子学可说并没什么影响；他的一些学生，对此也很少绍述。

其他人呢？例如劳思光先生。其《新编中国哲学史》是台湾各大学通用的教材，可见影响甚大。然而劳先生论朱子就很外行，其书第三卷第四章第四节"朱熹之综合系统"谓：

　　朱氏在讲《大学》时，即以为道德心一经建立，便可直接向外展开，以实现文化制度之理。换言之，以"治国、平天下"为"诚意、正心、修身"等工夫之直接效果。故朱氏论政治问题，实看作道德问题之延长。对于政治领域之特性，从未注意。此点却是朱氏上承孔孟之处。盖孔子首倡"德治"观念，又以"正名"或各尽其分为政治社会行为之原则；孟子则提出"仁政"及

"王道"观念，以规定人君或政治领袖所应尽之分，原是一脉相承。……将政治生活与个人生活看作一类……朱氏既持此态度，故其对政治问题之总观点，即落在道德教育上。对人君言，要使人君成为有德之君；对人民言，亦要使人人能行仁义。……盖以为天下之治乱，纯系乎人主能否"正"其"心"。

这是完全错误的！不但对朱子完全不了解，也误会了孔孟。孟子明明说，"徒善不足以为政"，为政须从制民之产等处做起。《中庸》也说得很清楚，"凡为天下国家有九经，曰：修身也，尊贤也，亲亲也，敬大臣也，体群臣也，子庶民也，来百工也，柔远人也，怀诸侯也"。修身是基本，但非仅恃修身即足以治国。

故吕氏说，"修身为九经之本。然必亲师取友，然后修身之道进，故尊贤次之。道之所进，莫先其家，故亲亲次之。由家以及朝廷，故敬大臣、体群臣次之。由朝廷以及其国，故子庶民、来百工次之"。朱熹则说："来百工则通功易事，农末相资，故财用足。"此处，来百工也，非修身之直接效果，而是要靠制度、靠政治措施的。

凡批评儒家为"德治主义"者，其实对《论语》《孟子》《大学》《中庸》等基本文献都没大仔细看，所以才会有这类指鹿为马之说。可怕的是此类误解又极多，从范寿康《朱子及其哲学》到劳思光，都是如此，怎不教人慨叹：读书人何其少耶？

朱子明明说只有不忍人之心是不够的，还须有不忍人之政，而这些礼乐政刑，是"须事事着实"地去做的。言论如此明确，而讲康德的劳先生竟完全看不到，只看到他以为的"德治主义观点"。这就可见仅凭心性论的进路或视域，并不能了解朱熹，也不能了解孔孟。

论朱巨擘，当然还有牟宗三先生。其《心体与性体》三巨册，朱子独占其一，用力之勤，吾人唯有叹服而已，当代论朱子，亦以牟先生影响最大。

然而牟先生论朱子却又是极偏宕的。所论只涉及朱子参究中和的问题及有关《仁说》之讨论，欲以此确定朱子上承伊川，所开之义理系统属于横摄系统，而与孔孟、明道、五峰、陆王之纵贯系统不同。故依牟先生说，朱子学虽亦为内圣成德之学，然置诸中国儒家心性学的传统中，实非集大成者，仅是"别子为宗"。

不管这个论断对不对，我都觉得：如此论朱，实仅论及朱子内圣学之一偏。但朱子学绝对不仅是要人内圣成德而已。朱子与湖湘派学者间的论辩，亦不仅仅是参究中和的问题和《仁说》而已，更关联到彼此论礼的歧异。牟先生为其学力及视域所限，论儒学仅能就形上学与伦理学方面立说，丰于仁而啬于礼，故于儒者开物成务、行道经世之学，较罕抉发。论朱子，亦复如此。而不知朱子之所以能兼汉宋之学，元明清诸朝且视其为孔子之后唯一的集大成者，绝不仅因他在性理学方面的表现；仅由性理学上争辩其是否为正宗，其实也不太相干。

儒家本以擅长礼学见称，观司马谈《论六家要旨》可见。汉代儒学即以礼为主，此与孔孟当然有些距离，因为论仁的部分不免浅而不足。宋代发扬仁学，谓能上继孔孟道统，诚然如其所自诩，但礼学亦非遂弃而弗讲。

朱子论礼尤多。清人李光地曾编《朱子礼纂》，将朱子《仪礼经传通解》《家礼》二书之外，其他散见于《朱文公文集》《朱子语类》诸书的说礼言论，收在一起，分为总论、冠昏、丧、祭、杂仪五卷，颇可见其论礼之规模。

但李光地本非大儒，其书对礼的理解与掌握，亦仅在婚丧冠祭、衣服家居等生命礼俗及生活礼俗方面。他忽略了儒家把《周官》称为《周礼》，就是因儒家所说的礼，并不只是指生活仪节和生命礼俗，更综指王制典章。因为礼者条理之也。对世界予以条理化，令其条理秩如，靠的就是礼。周公施政，同时也称为制礼作乐，就是这个缘故。李光地辑朱子论礼之语，而完全不包含其施政治世之经制言论，殊觉愦愦。

李光地的做法，其实也反映了宋明理学家一般的态度。黎靖德编《朱子语类·礼》，就是按纲领、仪礼、周礼、小戴礼、大戴礼、冠昏丧、祭、杂仪这个次序编下来的。这样编，许多朱子论礼的言论，在礼的部分其实是找不到的。例如井田、封建、田税、经界、沟洫、社仓、学校、科举、礼乐等，依朱子说，皆属于礼的事务。朱子所著《仪礼经传通解》即包含家礼五卷、乡礼三卷、学礼十一卷、邦国礼四卷、王朝礼十四卷。岂仅冠昏丧祭而已乎？

依黎氏编辑的角度看，论治、论取士、论兵、论刑、论民、论财，均是因朱子参与实际政治工作，担任职务时所带出来的议论，非朱子学问之主体，与其性理学更无直接之关联。故置于卷末，不予重视。

黎靖德这个本子，是在朱子卒后七十年编的，其见解即已如此，又怎么能怪李光地乃至牟宗三不能正视或重视朱子之论礼呢？

儒者之学，本来就不能只讲仁、讲本心、讲性体。论朱子尤应注意这一点。而朱熹这些礼论，主要是根据孟子之说来发挥的。

《孟子·梁惠王上》说："无恒产而有恒心者，惟士为能。若民，则无恒产，因无恒心。"朱注云："恒心，人所常有之善心也。士尝学问，知义理，故虽无常产而有常心。民则不能然矣。"

从人的普遍性上说，固然人性本善，有其恒心。但夜气能养，却有待于操持；一般人无此操持修养，生存条件也不容许他做这些修养功夫，赡生救死尚且不暇，何能责其以礼义？这时，孟子就不会再高谈仁心、恒心、性理，而会先从让民众获有常产这方面去考虑。

这时，他对士的要求和对一般人民的要求是不一样的。

对士，要求他能养，养气，有修养。这是自养。对一般人，也说要养，但却是他养，是要求主政者要能养民。主政者若能体恤老百姓的这种处境，则他那个存心就是仁了。

此是第一层转折。对老百姓，是不应高谈养心、尽性、穷理、知天等的。主政者的责任，乃是制民之产，使其衣食足而后再教之以礼义。孔子说庶之富之而后教之，亦是此义，亦所谓"仓廪实则知礼节，衣食足则知荣辱"也。

再进一层，则应考虑到：王者仅有对民众的仁心，关怀体恤其处境，仍是不够的，必须有实际的政策施为。故《孟子·梁惠王上》注杨氏曰："为天下者，举斯心加诸彼而已。然虽有仁心仁闻，而民不被其泽者，不行先王之道故也。故以制民之产告之。"

前者谓之仁心，后者谓之仁政，两者合起来才可称为王道。《孟子·离娄上》："不以仁政，不能平治天下。今有仁心仁闻而民不被其泽、不可法于后世者，不行先王之道也。故曰：徒善不足以为政，徒法不能以自行。"朱注："有其心，无其政，是谓徒善；有其政，无其心，是为徒法。程子尝言：'为政须要有纲纪文章，谨权、审量、读法、平价，皆不可阙。'而又曰，'必有《关雎》《麟趾》之意，然后可以行《周官》之法度'，正谓此也。"都是这个意思。

心与法应合起来，内圣外王才不会歧为二途，故《朱子语类》卷一百零八论治道，引朱子告升卿曰："古者修身与取才，恤民与养兵，皆是一事，今遂分为四。"修身、齐家、治国、平天下皆是一事。不如此，徒能修身而已，焉能治国、平天下哉？

这些行政措施、实践仁心的方术，事实上也就是礼，故《朱子语类》卷五十二解《孟子·公孙丑上之上》有云："古人之政不可得而见，只是当时所制之礼，便知得当时所施之政。"

牟先生曾以近不近孟子来分判陆象山与朱熹，说："大抵伊川与朱子之心态中完全无孟子之气息，故亦不适宜于讲孟子，此可断言也。"

若就心、性、情、才方面说，我不拟与牟先生争辩；但若论到王道仁政，则如前文所述，朱子恐怕就很有孟子气息，非常适合讲孟子了。

《孟子·梁惠王上》："是使民养生丧死无憾也。养生丧死无憾，王道之始也。"朱注："夫民衣食不足，则不暇治礼义；而饱暖无教，则又近于禽兽。……此言尽法制品节之详，极财成辅相之道，以左右民，是王道之成也。""惠王不能制民之产，又使狗彘得以食人之食，则与先王制度品节之意异矣。""程子曰：'孟子之论王道，不过如此，可谓实矣。'"又说："省刑罚，薄税敛，此二者仁政之大目也。"《孟子·梁惠王下》："君行仁政，斯民亲其上，死其长矣。"朱注亦云："君不仁而求富，是以有司知重敛而不知恤民。"呼应孟子之说，均极明显。牟先生谓其无孟子气息，不适合讲孟子，绝对是错的。

孟子的王道仁术，大抵重点在：一、设官分职，任贤举能，建立一个较好的行政系统。所谓"尊贤使能，俊杰在位""贵德而尊士，贤者在位，能者在职"是也。二、为民制产。这包括使人民有田宅、桑梓、牲畜等财产，建立能均贫富的土地制度和不苛刻之税赋制度等。

这些主张，朱子完全接受，尤其是经界井田之法，朱子最为重视。相关文字非常多，一谈起来就有一肚子话要讲，所以文章都极长。其想法，不唯可见于他跟张敬夫等朋友的书信，也可见于他正式向皇帝上的奏议。

孟子论经界，只是讲一个原则，但实际施行，便得有若干相应之措施。读孟子书的人千千万，但能秉孟子之意，落实推动，而且从实务层面详言其法者，朱子之外，其实罕见。

因此，这些文字，比孟子的话更为亲切。一种仁心蔼然发见于政事上的态度，跃然纸上，此即孟子所说"以德行仁"者也。

正因朱熹对于经界井田之法，有观念上的认同，也有实际的经验与体会，对古来均田之制，又多有关切，有比较研究，所以他论井田，实较同时代人通达得多。

井田之制，《周礼》《孟子》《礼记·王制》所记颇不相同。朱熹采孟子说，对《周礼》的讲法很有些怀疑。

但朱熹并不立刻便判定《周礼》是伪书，而只采取一种较松泛的态度，认为古制不易明了，读《周礼》者重在得其原则、精神即可，不必在这难以明白的古制上钻牛角尖。所以他反对当时一些礼学专家穿凿求解的学究式做法。

他也反对硬要把《周礼》《孟子》《礼记·王制》混为一谈，不愿正视其矛盾的做法，曾对浙东学派强不可合者以求合的言论提出批评。

今人论朱子，只知朱子与陈同甫辩"王霸"，不知朱子与浙东学派在论礼方面颇为不同，可谓但知其一不知其二。（浙东学派与朱子争论得最烈的，其实是陈君举，其次为叶水心，再来才是陈同甫。昔人对朱子与陈同甫"王霸义利之辩"其实并不太重视。从牟宗三先生开始才强调这次辩论，将其视为我国十大争论之一，但这是牟先生特殊的见解。对朱子与浙东学派之歧异，由这个辩论去看，其实未必能予掌握。何况，牟先生对朱子与陈同甫之辩有根本之误解，其说甚不确，不可从。另详拙文《北朝最后的儒者：王通》。

赋与税的部分，朱子依孔孟之说，均以十分之一为原则（比我们现在要交的税轻得多），批判横征暴敛者。而其批判有几个特点：

一、税法单纯化。使民出力以助耕公田，即不再税其私田，实仍以赋代税，本于孟子"耕者，助而不税"之说。此外亦不收关税、土地税；房屋税与货物税则选择其一征收，此亦孟子云"市，廛而不征，法而不廛……关，讥而不征"。

二、税制应与土地制度结合。对《孟子·滕文公上》论为民制产一段，朱子就说"乃言制民常产与其取之之制"。这个精神，在他论经界时发挥尤多，跟现在的税法原理并不相同。

三、将赋税制度之良窳，直接关联于主政者的仁心与否来评论。横征暴敛者为私，不仁；为民制产，不巧取豪夺者，则是有公天下、为民为仁之心。这种评论方式，也是当今论赋税时较少见到的人民观点。

凡此种种，都应再好好研究研究。

过去，朱子学基本上被打倒，被抛弃了，那些诬蔑与扭曲，现在当然已可不再理会它。

但再谈朱子学，固然不可能、不必要建构官式工具化的儒学；可是牟先生等支持、诠释朱子之人的解释，却又可能会令我们放弃儒学在社会性实践上的一些有用的资源，摄礼归仁，礼便为虚说。

对于宋代儒者如何借其性理之学以开物成务，就会不甚了了。本文做点提醒，提供另一个视域，也许可以帮大家看到一点新东西。现在，若要讲小区营造、社群主义，让儒学可以重新介入礼乐政刑、民情礼俗，恐怕这个新角度也才能提供更多的资粮。

再谈王阳明：今人只理会天下，自身却放在一边

自清朝以来，大家都用经学和理学对立的框架来看待明清学术史。

表面上看，此说甚为合理。因为宋明理学家似乎只讲心性，不究经传，只重德性，罕言经世，所以清代才转而要通经致用。可是细究起来，实况多有不然。

先看些文献。近人读书粗心，所以先要摘些文献来让大家看看。

《明儒学案》卷十《姚江学案》，就记载了许半圭"于天文、地理、壬遁、孙吴之术，靡不究心"；王文辕"尝曰：'朱子注说多不得经意'"，又在阳明去南赣时说："阳明此行，必立事功。"同卷亦载刘宗周言阳明之学"始出词章，继逃佛、老，终乃求之六经"。

卷十一论浙中王门，首举范瓘，云其"卒业于阳明。博考群经，恍然有悟"。

又记朱节"举进士，官御史，以天下为己任"，阳明教曰"德业外无事功，不由天德而求骋事功，则希高务外，非业也。"后巡按山东时，因"流贼之乱，勤事而卒"。

记钱绪山，亦云郭勋"骄恣不法，举朝恨之"，独先生据法以十罪论死。"先生身婴三木，与侍御杨斛山、都督赵白楼讲《易》不辍"。

卷十三则载季本为长沙知府，锄击豪强，"苦力穷经……考黄河故道，索海运之旧迹，别三代、春秋列国之疆土川原，涉淮、泗，历齐、鲁，登泰山，逾江入闽而后归，凡欲以为致君有用之学。所著有《易学四同》《诗说解颐》《春秋私考》《四书私存》《说理会编》《读礼疑图》《孔孟图谱》《庙制考义》《乐律纂要》《律吕别书》《蓍法别传》，总百二十卷。"

又论黄绾与修《明伦大典》，"其于五经皆有原古。《易》以先天诸图有图无书为伏羲《易》，《彖辞》为文王《易》，《爻辞》为周公《易》……《诗》以《南》《雅》《颂》合乐者，次第于先，退十三国于后，去'国风'之名，谓之'列国'。鲁之有《颂》，僭也，亦降之为列国。《春秋》则痛扫诸儒义例之凿，一皆以至经明文为据。《礼经》则以身、事、世为三重，凡言身者以身为类（容貌之类），凡言事者以事为类（冠婚之类），凡言世者以世为类（朝聘之类）。《书》则正其错简而已。"收其书《明道编》各序。

卷十四论顾应祥，则曰："先生好读书，九流百家皆识其首尾，而尤精于算学。今所传《测渊海镜》《弧矢算术》《授时历撮要》，皆其所著也。"

卷十五论万表，又盛赞其"寓常平之法于漕运之中"。于王宗沐，亦称其能修举漕政，且讲求海运，试之有效。

以上皆属浙中王门。江右王门部分，卷十六云邹德溥"所解《春秋》，逢掖之士多宗之。更撍关宴居，覃思名理，著为《易会》"。

卷二十一云陈嘉谟"出任四川副使，分巡上川，南擒高酋，平白莲教，平凤土官，皆有功绩"。

卷二十四言邓元锡"年十七，即能行社仓法以惠其乡人。……居家著述，成《五经绎》《函史》"。

在南中王门方面，卷二十五引薛应旂语云："义协，则礼皆可以经世，不必出于先王。理达，则言皆可以喻物，不必授之故典。"卷二十六又详述唐顺之之事功。于唐鹤徵则曰，"其道自九流、百氏、天文、地理、稗官野史，无不究极"。

以上皆王学中讲经学、务博雅、重经世之例。

似此之类甚多，不能俱引。且本文也非明儒经学或经世之学的通考，没必要一一摘抄。以上举例，只是想让怀有刻板印象，觉得理学家都不懂经学，都不讲事功的人，知道事实根本不是那么回事儿。

阳明本人就颇有事功，唐顺之、朱节、万表、陈嘉谟等也有事功，其余立身刚正，能对抗朝廷恶势力的更多。降而至明末，抗节而死或起兵与清周旋者，亦不乏理学心学中人。因此，理学心学绝非闭目摇手，独自内证其心，不理世事的学问。否则东林与阉党之争便无法解释，刘宗周、黄宗羲先后抗清之举亦难以理会了。

这是就史事上说。再由学理上看，讲王学者如黄绾《〈春秋原古〉序》就说：《春秋》者，夫子经世之志，处变之书也。"这样申言经世之学的人其实并不罕见，治经，甚或研究礼制，讨论历数、山川地理、漕粮兵农者，亦不乏人。可见讲理学心学的人也不见得就反对道问学，就不谈经世。关键在于谈法不一样。请看以下这几段话：

> 吾儒主于经世学问，正在人伦事物中实修，故吃紧于慎独。但独处一慎，则人伦事物无不中节矣。

> 工科郭兴治言："当此干戈倥偬之际，即礼乐润色，性命精微，无裨短长。"先生言："……天下治乱，系于人心；人心邪正，系于学术，法度风俗，刑清罚省，进贤退不肖，舍明学则其道无由。"

> 后儒将止至善，做明明德亲民到极处，属末一段事。审尔，则颜、曾并未出仕亲民，止至善终无分矣。……今人但在天下国家上理会，自身却放在一边。

这些言论，都表明了当时已有一种把治心和治事、修身和经世平天下分开的风气。主张经世的人，认为干戈倥偬，必须要讲经世实务，以治国平天下。主张修身者，则批评讲经世之学只是逐外缘而动，只理会天下而不重自家身心性命。

对此俗见，上述诸儒一致认为非本末一贯之学。学者发其本心良知，体现于一切人伦事物中，才是真正的经世，世也才经得好。因为世事之根本仍在人心，"齐家不是捵揽家，盖在家身，家即是修之事矣。治国不是兜揽国，盖在国身，国即是修之事矣。平天下不是兜揽天下，盖在天下身，天下即是修之事矣。故家国天下者，分量也；齐治均平者，事绪也"。

从王学来看，修身与齐家、治国、平天下，不能打成内外或两截。治国、平天下当然事绪较杂、分量较重，但性质与修身一样，不能诚意正心，身固然修不好，国又焉能治得好？反过来说，身、家、国、天下都是要修、要治、要平的，又岂能止于修身？如此说，才是本末一贯。

阳明本人即曾说："'道问学'即所以'尊德性'也。晦翁言：'子静以"尊德性"诲人，某教人岂不是"道问学"处多了些子？'是分'尊德性''道问学'作两件。"发展到刘宗周，仍是说："良知与闻见之知，总是一知，良知何尝离得闻见？闻见何尝遗得心灵？"因此这个本末一贯、尊德性不离道问学、修身与经世不二的立场，乃是整个心性之学的基本性格。诸家虽多异同，但那是在这个格局中的歧异，若背离了这个基本形态，则根本就不会被承认，立刻会受到批判。

须如此看，才能发现明代讲理学心学的人治经、博学，乃至讲求经世者殊不罕觏。

泰州学派的赵大洲"杜门著述，拟作《二通》，以括古今之书"，内篇就叫《经世通》，外篇为《出世通》。浙中王门季本"苦力穷经"，南中王门薛应旂批评"今之学者，离行言知，外事言学"，都属其例。祁彪佳自定读书课程，亦谓非经济、理学书，必不经目。

可见在他们心目中，经济非另一路学问，讲心性之学亦仍要读《礼记集注》一类书。

把经世和修身治心分割对立起来，是反对理学心学的人自己之观念，然后反过来扣到理学心学者身上，说他们只重治心修身而不能经世或不屑经世，只知尊德性而不能道问学。继而一再批评理学心学在道问学上如何如何不够精密，在经世实用上如何如何迂拙。尔后才能自谓其经学考证为朴学，其经世致用为实学，比理学心学高明。

然而，理学心学家未必不实。只不过他们的实践性，并不只在社会实践上，而是整个人的实践。理学心学家未必不治经，但言经术必关联于心术，亦与只从文献史料去看待经典的人不同。

这两种经学观、经世观、实学观的诤讼，明代本来就已存在。前引文献批评当时人"但在天下国家上理会，自身却放在一边"者，即为此类质疑理学心学之风气。几社陈子龙等编《皇明经世文编》，慨然以天下为己任，亦可见风气之一斑。其风因明末时代之激，当然越来越轩昂，以至于在清初蔚为大观。其后又经过乾嘉朴学之推阐、近代学人之发扬，遂成了现今我们观察明清思想史的主要观点。

可是这种把经世和修身治心打成两橛的态度，对理学心学来说，并不相应。以那个观念框架去看，当然也看不见上文所述明代讲理学心学的人同时也治经，也博览，且讲求经世致用之事实，不晓得不是反心学才能经世，心学本来也是经世的。

由于长期把治心和经世、理学和经学对立起来看，所以对王阳明及其后学的学术性格便都无法掌握。

以刘宗周、黄宗羲为例。

《刘子全书》分四大类：语类、文编、经术、附录。其重经术，不是特别明显吗？其论经，固然仍以《周易》《论语》《曾子》《大学》为限，但他另有《礼经考次序》，言欲厘清经书面目，复孔子之旨；表彰《仪礼》，以见周公致太平之意。

《刘子全书》重订者为董玚，《姚江书院志略》所收董玚《书院规要六事》就说："朱子曰：'天生一个人，便须管天下事。'此安定经义之外，所以有治事斋也。如《王子全书》中于讲学论道外，定变行军、治民措饷种种，都是致知实际。《刘子年谱》中于读书授徒外，击珰锄奸、保民御乱种种，都是诚意真功。"

董氏在刘宗周门下，颇以钱德洪之于阳明自比，编辑遗文，体会甚深，乃黄宗羲之外，对刘氏学术阐发最力的人。而他对刘氏学术之概括，就显示了证人社宗旨并非不讲经世。恰好相反，诚意、致知，这些心学功夫就发显于治民措饷、保民御乱的事功中。

再就证人社之学风来看。《祁彪佳日记》载，"管先生深有忧时之怀"，而王金如"则更有甚焉，真以社稷民生为己任"。董玚也说"浙东子弟其祖父尝从刘子、聘君学者，至今言进退之勇，救世之切，尚思征士"（《王征士传》），刘宗周《祭王生金如》则说他是"豪杰"。可见证人之会，本非只讲心性修养而已。

证人社，又非仅恃口舌讲论而已，在救灾赈济等社会工作上贡献卓越。日本人夫马进《善会善堂的开端》（京都大学人文科学研究所，1983）一文，于该社与当时救灾之关系，如设药局、立掩骼会、议施赈等考之甚详，足证证人社也是颇具社会实践力的。

据此可知：只把证人视为证心，而且是只重个人修养，明道而缺乏实用，重内圣而轻外王，尊德性而不及道问学，是不对的。诸公之学，彻内彻外，今却将之打成两橛，谓其有内无外，岂不冤哉？

证人社，后来歧为两途，一部分较偏陶奭龄（号石梁），一部分较偏刘宗周。依黄宗羲描述："证人之会，石梁与（刘）先生分席而讲，而又为会于白马山，杂以因果、僻经、妄说，而新建之传扫地矣。"其不同，主要在杂于禅风，而非于理学大本有异。纵使是陶奭龄，亦仍是讲内外一贯的，故祁彪佳《山居拙录》载："与邹汝功、郑九华入城，至王文成祠。诸绅至者陶石梁之外，有董黄庭、徐檀燕、倪鸿宝，主会者为王士美，举'有用道学'为说，石梁先生阐明致知之旨。"问有用道学，而答以致知，正是阳明之旨，知行合一，非分作两件。

又陶氏云："《迁改格》者，证人社诸友，深信唯心之指，以为片念之微，喘言蠕动之细，其邪正淑慝，皆足以旋转乾坤，变易世宙，此实理实事，断在不疑。"《迁改格》乃秦弘佑仿袁黄《太微仙君功过格》而作，陶虽觉其言功过仅涉于功利之念，但觉得作为儒者进德之阶亦无不可，所以用《易经》说利的方式，说正谊谋利、明道计功，功利云云，儒者所不废。刘宗周则基于义利之辨，深以为然。此为两派之歧。但无论如何，陶氏的心学立场并未改易，仍是主张心若能改善，则可以旋转乾坤，此亦彻内彻外之说也。

此类说法，还可以见诸刘宗周将出仕时，社友赠别之言。《祁彪佳日记》载：崇祯乙亥（1635年）八月，刘被召，欲北上，二十日"午后与季超兄、文载弟出送刘念台北上，念台询以用世之学，予大略以'格君'为言，要使主上敬而信之，斡旋自大，不在一二事之争执也"。格君，用的正是阳明学的主张。《传习录》上："'格物'如孟子'大人格君心'之'格'，是去其心之不正，以全其本体之正。"君心若正，礼乐政刑才能举措得中。此与石梁谓片念之善足以旋转乾坤云云，何其相似！殆彼等共许之说，可无疑焉。

此类唯心之说，最常遭到的诘难，就是说它只是"动机论"，而政治事务并非动念良善即可，还有许多礼乐政刑、钱谷兵农的事需要打理，岂能只讲诚意正心即可？殊不知讲心学的人并不是说只要诚意正心就可，而是说礼乐政刑等"治具"，若由不良善的心念操纵，其害不可胜言。因此内外一贯，讲求治具之同时，亦需讲治心。君主法治之良否，事实上即表现了他的心术。

以刘宗周《中兴金鉴录》七大卷为例。此书先述《祖鉴篇》，畅言朱元璋平陈友谅、张士诚，北伐元朝，南下闽广，西定巴蜀，弭平云南之用兵方略；建国后，崇儒术，谨天戒，重民事，求贤纳谏之政策以及吏户礼兵刑工六部所行诸切于中兴之要的大政（如卫所制、禁宦官掌兵干政、宗庙时享礼、学校教育及科举制、颁《大明律》、定四川茶盐之制等），为当代之鉴。其次《近鉴篇》，讲赵宋南渡后如何中兴，强调进退君子小人为盛衰之征。三为《远鉴篇》，列举东汉光武、东晋元帝、唐肃宗之中兴方略，如光武如何退功臣，进文吏，明慎政体，减轻赋税，兴修水利等。四为《王鉴篇》，说三代中兴之主夏少康、殷高宗、周宣王之政绩及历史教训。五为《帝鉴篇》，论尧舜禹汤及周武王之业绩与治法，且云其"治法"亦即"心法"。

这是另一种《资治通鉴》，由近而远，由粗浅到高深地讲治国之道，但前后宗旨一致。论治国，首在"崇尚经术"，谓汉高祖不事传书，唐太宗徒勤翰墨，唯明太祖推崇儒术，故能开明代一代文明之运。次为谨天戒，遇灾思惧，遇祥亦思惧，以克永天心。三为重民事，国以民为本，民以食为天，才能祈天永命。四是求贤。五是纳谏。这些治法，比户礼兵刑那些措施制度，更为根本，亦更具原则性。

而这些治法又皆本于心法。因此他认为凡有志于治国者，须求端于"设诚之地"，明明德而修圣政。如何明德治心呢？他举尧舜禹汤文武之心法为说，论释甚繁，但基本上是强调君王应钦明文思、允恭克让、克艰、以敬胜怠、以义胜欲，才能"百姓昭明，谐和万邦"。

由这样的论述看，刘宗周岂无经世之学？其"致知实际"与"诚意工夫"正在此等处，但非将诚意正心打成两橛而说罢了。彼治心即是治事，治法即是心法，且论治首崇经术，并以史事阐明治法，以见中兴太平之纲纪。后来黄宗羲办证人书院时所揭示的方向，渊源俱见于此。而刘氏本人这种学术形态，事实上也是早期证人社风之发展。

黄宗羲秉承此一学风，故也同样力斥理学与事功两分之法。黄曰："儒者之学，经纬天地。而后世乃以语录为究竟，仅附答问一二条于伊洛门下，便厕儒者之列，假其名以欺世。治财赋者，则目为聚敛；开阃捍边者，则目为粗材；读书作文者，则目为玩物丧志；留心政事者，则目为俗吏；徒以生民立极，天地立心，万世开太平之阔论，钤束天下。……遂使尚论者以为立功建业，别是法门，而非儒者之所与也。"其实，"事功、节义，理无二致"，"事功必本于道德，节义必原于性命，离事功以言道德，考亭终无以折永康之论；贱守节而言中庸，孟坚究不能逃蔚宗之讥"。

好了，证据不必摆太多，文献都在，只是过去眼睛害了病，把事情都看歪了。现在调整过来，自能看清真相。王学本身，是在把道德心性问题跟经世致用分开的气氛中出现的，努力想矫正之，故提倡知行合一、内外一贯、治法心法不二。可惜它在当时毕竟还太弱势了，以致后来竟被找来作为亡了国的替罪羔羊，说就是因为大家都袖手谈心性，不通世务，所以才会亡国。闹到现在，教科书、研究论文都还以这个错误观点为基础视域，一犬吠影，百犬吠声呢！

介绍这个真相，本身也有我经世之意。因为现在整天夸夸其谈，指点江山，说国家社会该这样那样，而自己毫不修身的人也太多了。

又谈王阳明：民主与民本

一、什么样的阳明学？

阳明学近年大热，"知行合一、致良知"，已成了口号，论坛开了一个又一个，书出了一本又一本，融三教、合企管。

可是我不知道大家提倡的是哪种阳明学。

阳明学最锋锐处，不在修身，而在经世。致我良知，以平治天下，所以在政治上非常有力量。

二、民本的政治观

黄宗羲《明夷待访录》的《原君》《原臣》，力申"民为邦本"之旨，就是明证。

其徒万斯同也一样。论《明史》，对太祖成祖之残暴、英宗熹宗之无知、宪宗之荒淫、武宗世宗神宗之昏庸均予批判。

他甚至说太祖杀戮之惨，史上罕见："当时功臣百职，鲜得保其首领者。迨不为君用之法行，而士子畏仕途甚于阱坎，盖自暴秦以后所绝无而仅有者。"太祖而后，如世宗等依然专制，致使群工百职"钳口莫敢言"。君臣上下不通气，自然就使得"君臣上下，莫非乖戾之气"，于是国家元气为之丧尽，"南北大乱，生民涂炭，流血成渠"。

也就是以君主专制为明代灭亡的原因。

此非黄宗羲之嗣音乎？黄氏《〈明名臣言行录〉序》云：明代"不及三代之英者，君亢臣卑，动以法制束缚其手足，盖有才而不能尽也"。

所谓君亢臣卑、臣工皆束于法制，就是他们师徒对于明代之所以衰亡的总判断。

这是对君的批评。对于臣呢？

臣工在专制朝廷中，固然被法制所缚，伴君如伴虎，随时会有杀戮之惨；但这些大臣面对老百姓时，他们又是统治者了。他们荼毒起老百姓，往往也与君王之荼毒大臣相似，这也是要批判的。

万斯同曾以胡宗宪为例，说胡去讨贼，但"自借军兴之名，行提编加派之法，而民之苦赋，甚于苦贼。……民之苦宗宪，更甚于苦贼"。又举刘焘为例，说"天下方苦盗，而使盗得处吏民之上，盗何由息哉？……虽然，彼仕宦而为盗者，宁独橐三人也"？

这些都是荼毒百姓的官。对于这样的官，他是主张诛除的。

因此正德年间流寇"赵疯子"破泌阳，索奸相焦芳不得，找到了他的衣冠，拿来斩了，说："吾为天下诛此贼。"万斯同就很赞赏，作《戮奸相》诗云："若使此人居殿陛，巨奸岂得保残躯？叹息朝堂论功罪，不及草间一贼徒。"

政府是为老百姓而存在的，可是政府却以替老百姓服务为名，索取百姓供养，而且索求甚于劫掠。此即万氏所谓仕宦而为盗，民之苦赋甚于苦贼。

对于这类官员，他援用孟子"诛民贼"的讲法，当然亦提倡民众的革命权，鼓励大家起来除戮之。其欣赏"赵疯子"者，正以此故。

他感叹朝廷昏庸，除了表达对时主之不满外，也显示了"吏治不清，责在君主"的政治责任观念及"平民可以为君"的公天下态度。

万斯同是黄宗羲在史学方面最主要的传人，曾代师与修明史。而其史学，屈君伸民如此，诚可以见黄氏一派民本思想之精义。

万斯同之兄万斯大的《周官辨非》也一样。

他认为此书非周公所作。大胆疑经，勇开风气，而原因是他觉得该书所载有不少是伤国体且害民生的，故著书非之。

非，不是全面抹杀，"所措施者无伤于国体，无害于民生，即不置是非焉亦可也"。

主要批评的，是官冗而赋重。官冗，指设官太多，"官多而糜禄，糜禄则财匮，财匮则聚敛，聚敛则病民"，因此他斥以为非。赋重，是主张十一税，批评《周官》所定税制过重，乃敛聚小人之说。

《周官》定了山虞、林衡、川衡、泽虞、迹人等职官，掌管山林、川泽、场圃等；又定了羽人、掌葛、掌染草、掌炭、掌荼等各种小官，掌山川各类产品之赋税。万氏甚不以为然，认为山川既已属官吏司掌，而又取赋于民，是结网罗，置陷阱，于山泽之中，民生其间，真一步不可行，一物无所有。

这是有害民生的部分。在有伤国体的部分，万氏反对把宫妃、太监跟国家官吏并称的制度，亦反对贷款给老百姓而收利息，认为"操奇赢，权子母，此商贾贱丈夫之所为也。王者以天下为家，而锱铢取息于民，无论足为民病也。其如国体何"？可见，所谓伤国体，其实仍是因它有害于民生。同理，《周官·地官司徒第二·乡大夫》定乡大夫之制，征"国中自七尺以及六十，野自六尺以及六十有五"，万斯同亦非之，认为先土之世，优老之事不一而足，岂尚给之公家事乎？六七十岁还要服劳役，不是先王之道。

此等议论，俱可见以经术经世之意，以民为本，固甚显然。

历来论黄宗羲民本思想者，均仅就黄氏文集钩稽其说，很少综合地看黄氏师徒之相关论议。故此处略举一二，以见其经世宗旨、民本精神。

三、王学的思路

可是我们当知这不是黄宗羲一系如此，本来王学就有抑君伸民之倾向，只是论述各有巧妙而已。

如泰州王艮便说，"学也者，所以学为师也，学为长也，学为君也"，"出必为帝者师，处必为天下万世师"，若不然，"是独善其身，而不讲明此学于天下，则遗其本矣"。

何心隐则对"君"字重新解释，说君只是主宰义，只是中义，中才能均，均才能群，所以每个人都应该以心为主："心于道，中也。尧则允执此中以为君。君者，中也，象心也。……惟中为均。均者，君也。……舜何人也，人虽未及尧之大，而亦足以君也……人必君，则人也。君必位，则君也。臣民亦君也。君者，均也。君者，群也。臣民莫非君之群也，必君而后可以群而均也。"

王艮语率直，径称匹夫当为帝王师，抑且学即是学为君，足证其所谓学并非自治其心而已。

何心隐则语多隐曲，绕来绕去说几个意思：一、人皆可以为尧舜，所以人人皆可以为君；二、为君须符合君道，君道为何？心有主宰，合乎道，立乎中，这样才能均，才能合群，才能当君位；三、君臣关系，是因为有了群才有的。否则臣民亦君也，人人是平等的。因此做君的人必得要像个君，符合君道，乃能群而均。

这样的言论，指明人人皆可为君，学即是学为君，在那个帝王专制的时代，其实都具高度的批判性与危险性。不是说皇帝人人可做，就是说现在的皇帝不懂得如何做皇帝，我来教你。

是泰州学派才如此激进吗？不然，阳明说"格君心之非"是什么意思？格君心之非，即是要教导、纠正国君，使其屏去私念，不以自己的权力、利益、好恶，亦即不从自己的立场去处理国事，而是从老百姓的利害来考量问题。刘宗周云，君应无为无己，奉天道，顺民心，立政凡以为民，也是这个思路。

且此非徒托空言而已，一旦有机会面对君王，便不免如刘宗周告诉崇祯皇帝那般，说不要自以为聪明，"法尧舜之明目达聪，而推本于舍己，亟舍其聪明而归之暗。非独舍聪明，并舍喜怒，舍好恶，舍是非"。

倘或君王仍不晓得该如何做君，不能使天下均、群，老百姓自然要起而反抗其统治，视君上为怨家，为寇仇。

刘宗周那些批判时主的言论，不也就是孟子"君之视臣如土芥，则臣视君如寇仇"的翻版吗？

黄宗羲秉承此一学风，当然也要格君心之非，主张君应去私心："有生之初，人各自私也，人各自利也。天下有公利而莫或兴之，有公害而莫或除之。有人者出，不以一己之利为利，而使天下受其利；不以一己之害为害，而使天下释其害。此其人之勤劳必千万于天下之人。"

君之所以为君，就是因他能不站在自己个人利害上考量，而能照顾天下人之利害。这样的人，就要比谁都勤劳。

君应该如此，可是现实中，君却常不是替老百姓服务的，而是要大家去供养他。用法治来钤束天下，以征敛来滋养自己。

因此黄宗羲说其法皆非法之法，老百姓不须遵守；此君非君，老百姓也可以推翻他。"小儒规规焉以君臣之义无所逃于天地之间，至桀、纣之暴，犹谓汤、武不当诛之，而妄传伯夷、叔齐无稽之事，乃兆人万姓崩溃之血肉，曾不异夫腐鼠。岂天地之大，于兆人万姓之中，独私其一人一姓乎？"

四、民本政治的民主

黄宗羲的民本思想，是晚清以来阐述得较充分的题目。但历来研究者多忽略其人本、心本之意，只就民本去说，也不懂他的说法与王学的内在关系。论民本时，推崇之余，又不免颇申遗憾，谓其未发展出民主，认为：

民本与民主的不同，在于民本只是讲主政者要知道民为邦本、立政为民，而能与民同患，去爱民、亲民，为百姓解决疾苦，民仍是被动的。民主则是主权在民，可以用权去制衡君王。

民本虽也有革命论，可制衡君主，但革命之暴力对社会也会有重大伤害，社会成本太高，且实施困难。民主选举，形成制度，其效益远高于革命。

再者，学者虽欲格君心之非，但讲来讲去，仍只能祈求君王自己做修身功夫，不比民主制度可用制度予以制衡。所以近乎与虎谋皮，罕有成效。

这些，都是近人常有的批评，论调中洋溢着简化的民主观念和自以为比古人聪明的姿态。

可是这些议论首先是对 Democracy（民主）的误解。

此词承袭自日本人的翻译，译为民主。于是在中文中便有与君主相对的"人民当家做主"之意，然而 Democracy 指的其实是民治，指政治事务由该团体中成员共同治理，或抽签或轮流，团体中人人平等。这个理想的模型是希腊雅典。

但雅典小国寡民，民中又再区分出谁是公民谁非公民，公民人数又更少了。在此少数人中，实施民治，其实等于贵族共治或小团体自治。后世政治现实，也从来不采此一方式，而都是由人民中少数人组成政府来处理政治事务。于是政权和治权分开了，人民固然在政权上号称"民有"，人人平等地拥有该国家该政府之主权，但运作这个政府，实施统治的权力却不在人民手上。故号称民治之政府，实质上遂行的，也均是治民而不是民治。

民被治，当然就不是民主。政府要如何让人民相信如此治民即是民主呢？方法之一是政府之成立，须由人民选举；二是政府施政可由民众监督，且须依人民所定之法律去施政。此即选举权、立法权及监督权。

可是，人民是庞杂且涣散的，除非又是小国寡民，否则要全部聚起来讨论涉及公众事务之相关法案、政事，乃至监督纠察施政之良窳，根本办不到。不用说国家，就是一栋大楼、一个小区都难办。因此势必采用代理制，委任议员、委员、官员去行使选举、立法、监督之权。

受委任者，理论上代表人民，实际上当然只代表他自己或是其所属政党、派系、阶层、团体。而且，他们与行政权之拥有者事实上又合起来构成了统治者，人民仍旧是被统治者，民主云乎哉？

若说人民对他们所任命的政府，不满意便可叫它下台，仍可显示人民做主的含义，亦太天真了。人民在被统治的情况下，相关信息非常贫乏，对政府施政之详情根本难以判断，功过是非多半是听有志夺权者说的。善于宣传选举之政客与政党自能获胜。老百姓之所谓民主选举，时常沦为政党与政治的啦啦队或白手套，因此选出希特勒或什么独裁者出来，毫不稀奇。

何况，选举的规则，例如选区划分、代表人制、相对多数胜或绝对多数胜等，也都是主政者定的，人民无权置喙。

而就算选举再怎么合理，选举所反映的，亦必是社会主流之意见，真正的弱势者，真正被剥削者，哀哀无告，永远会在政治考量中被牺牲。谁是弱势者？农、工、妇、幼、鳏、寡、孤、独、老、弱、病、残以及知识精英等都是。

对于民治在实际政治处境中如斯不堪之状况，西方政治学界之讨论，早已汗牛充栋。因此我们绝不能仍停留在民国初年的水平，以为一旦建立民主，帝制之缺点便自然消失，并进而嗤讽古人光晓得讲民本而不知道要建立民主制度。

复次，民本与民治，指的是两个不同的政治原则。民治，是着眼于政治人物身份起源的正当性，掌权人的权力应来自人民之付托。但此一原则，同样适用于君权神授、天命授予、血统世袭或五德终始等，不同仅在证明方式。人民认为君权天授神授时，需要有些天启证验；人民认为统治者须由人民付托时，需要有选票。

民本，着眼的却不是这种人身属性原则，而是责任原则。《论语·为政》载，鲁哀公问："何为则民服？"孔子答："举直错诸枉，则民服；举枉错诸直，则民不服。"政治上，不管统治者是天授神权、血授或人民授予他统治之权，老百姓要看的其实是政绩。政绩乱七八糟，反而去夸夸其谈，说他得天下是如何如何有正当性，从人民主体之观点看，越见其恶心而已。

由这个观点说，唯有真正注意到、认知到，并在施政中体现出民本之精神，可令人民安居乐业的政治，才是民主政治哩！

从阳明心学看儒佛互参

导　语

　　何为"致良知"？"平常心"又是什么？发展了数百年的阳明心学，与佛儒文化有何关联？儒、释、道三家又将如何会通？2019年7月21—22日，由池州市阳明书院、凤凰网国学频道联合主办，九华山大觉禅寺承办的"'禅与中华文化'——2019九华山公益论坛"在安徽池州举行。著名文化学者、世界汉学研究中心主任、龚鹏程基金会主席龚鹏程先生应邀出席，与中国书院学会会长朱汉民、凤凰网副总编辑侯春艳、池州市阳明书院院务委员会主席余临以及书院主要发起人九华山大觉禅寺住持宗学法师、池州学院教授尹文汉、凤凰网国学频道主编柳理等，共同为池州市阳明书院揭牌。

龚鹏程先生以"儒、释、道会通与禅的活化"为题做主旨发言，阐述儒、释、道之间的关联以及禅与中华文化之融通。7月22日上午，龚鹏程主讲阳明讲堂2019第一期，围绕"'平常心与良知'：从阳明心学看佛儒互参"展开。

以下为讲座实录：

一、说因缘

（一）《龚鹏程述学》：我祖籍江西吉安。吉安在宋元明清时期，文风鼎盛，是出欧阳修、文天祥的地方，邦人颇以此自励，自许为"文章节义之乡"。书院以白鹭洲最著名，建于南宋淳祐元年（1241年），与庐山的白鹿洞、铅山的鹅湖、南昌的豫章齐名，祀周敦颐、程颢、程颐、张载、邵雍、朱熹六贤，乃程朱学脉。

至明朝，王阳明的学问主要也在吉安这一带发展，称为"江右王学"。当时我乡青原山讲会之盛，震动天下。山乃禅宗七祖青原行思的道场。禅门五家，曹洞、云门、法眼皆出于此。沩仰、临济虽出于南岳怀让，而其实也在吉安、宜春这一带发展起来，故为天下禅门宗源。阳明也在此建有书院（2008年我回乡勘址，倡议重建，现已竣工）。明末四公子之一的方以智，晚年出家为僧，称药地大师，亦住在这里。

明正德年间（1506—1521）庐陵知县王阳明于青原山讲学。嘉靖十五年（1536年），其徒邹守益等在净居寺创青原会馆。清道光十九年（1839年）吉安知府鹿春如，又在青原山待月桥北侧建阳明书院。

（二）明弘治十四年（1501年），王阳明初上九华山，曾夜宿无相、化城等僧寺，又寻访道士蔡蓬头和地藏洞异僧。正德十五年（1520年）在平定宸濠之乱反受陷害之际，再访九华，率弟子在山上住了一月有余。与山僧朝夕相聚，唱和对弈，谈禅打坐，与和尚周经更结为知己，东崖石壁上至今留有其手书《赠周经偈》。在此一年之后，他提出"致良知"的学术宗旨。

（三）马祖道一，今四川什邡马祖镇人，先在今江西抚州临川弘法，又至虔州（今江西赣州）的龚公山（在今江西赣州市南康区）宝华寺弘法二十余年。唐大历年间（766—779），到洪州（今江西南昌）开元寺（今佑民寺）说法，四方云集，号"洪州禅"，曾主张"道不用修，但莫污染。……若欲直会其道，平常心是道。谓平常心无造作，无是非，无取舍，无断常，无凡无圣。……只如今行、住、坐、卧、应机接物尽是道"。

二、定宗旨

（一）判教：大小乘、空有宗、天台宗、华严宗。

1. 佛教自出现以来就处在争议和分裂中，分而又分，到了不可复合的地步，就想办法用一个架构来安置各种佛教。大小二乘、空有双轮、真空妙有等，都是如此。

佛经译述到中国以后也一样，师法各异，不免分歧。南北朝间，分宗判教最著名的，有十家，所谓"南三北七"。"南三"是：一、虎丘山岌师之五教，二、宗爱师之四时教，三、定林柔次道场慧观之五时教。这三家在南朝。"北七"是：一、北地师之五时教；二、菩提流支三藏之二教；三、佛驮光统之四宗；四、有师之五宗；五、有人之六宗；六、北地禅师之二大乘教；七、北地禅师之一音教。

2. 南岳慧思禅师出，勘同经论，立天台教观。其后智者大师，承南岳的衣钵，尊崇《法华经》，用"五时八教"判释一切。"五时"是：华严时、阿含时、方等时、般若时、法华涅槃时；"八教"是：藏、通、别、圆、顿、渐、秘密、不定。

五时是从竖的方面说，把佛教分为五个时期；八教是从横的方面说，分成八种教义。而八教中，顿、渐、秘密、不定四教，是说教时所用的仪式，称作"化仪四教"；藏、通、别、圆四教，是教法中所含有的义理，称作"化法四教"。

3. 华严判教，创于杜顺，成于贤首。一、小乘教。但说我空，不说法空，如"四阿含"等；二、大乘始教。为始入大乘者而设，分空始教和相始教二门：空始教明一切皆空，相始教明万法唯识；三、大乘终教。发挥真如平等之理，说一切众生皆得成佛；四、大乘顿教。不立修行之阶位，理性顿彻，解行顿成，故名顿；五、大乘圆教。一即一切，一切即一，性相圆融，事理无碍，故名圆。

4.晋末判别经教者有十八家，唐后大众共依者，唯天台、贤首两家。禅宗后起，属于哪一位置？

禅宗这个分支，在印度不存在。达摩禅师在印度的支派也并无记载，禅宗从达摩到三祖僧璨都修习《楞伽经》，到五祖弘忍才提到《金刚经》。如依《金刚经》，则属圆教，但只是大乘初学，因本经说：若菩萨有我相、人相、众生相、寿者相，即非菩萨。这是始教的教义，这个菩萨是大乘圆教初住位菩萨。

同样，密宗也有应属于哪个位置的问题。

（二）分宗：禅与禅宗、佛教与禅宗、教内与教外、南与北、禅宗五家七宗。

1.目前通行的讲法：临济宗、曹洞宗、沩仰宗、云门宗、法眼宗等五家，加上由临济宗分出的黄龙派和杨岐派，合称为七宗。

2.据宗密之《禅源诸诠集都序》所载，唐代之禅宗教派共有洪州、荷泽、北秀、南诜、牛头、石头、保唐、宣什（念佛门禅）、惠稠、求那、天台等诸派；宗密之《圆觉经大疏钞》又举出北宗禅、智诜禅、老安禅、南岳禅、牛头禅、南山念佛门禅、荷泽禅等七宗；宗密之《拾遗门》又另作分类，计有牛头宗、北宗、南宗、荷泽宗、洪州宗等五家。宗密所谓"五家""七宗"自不同于后代禅宗所称之"五家七宗"，此因宗密所处之时代及其自身属于荷泽宗，故所见禅宗教派亦不同于后世之禅宗说法。

3. 大乘非佛说、禅宗非佛教、胡适禅学案。

胡适认为，中国禅并不来自于印度的瑜伽或禅那，相反地，却是对瑜伽或禅那的一种革命。

铃木大拙则说，像今天我们所谓的禅，在印度是没有的。中国人的那种富有实践精神的想象力，创造了禅，使他们在宗教的情感上得到了最大的满足。

（三）异同：阳明学自诞生以来，一直和禅有着奇怪的关系，同而异，异而同。

1. 阳明之开悟——"圣人之道，悟性自足"，与慧能大师的开悟——"何其自性，本自具足"，似无二致。

致良知，与明心见性，越看越像。心学讲在事上磨炼。禅宗讲，禅就是吃饭睡觉。有差别吗？晚明人批判泰州学派有狂禅之弊，如果不是禅，又何来狂禅一说呢？

王说："人人心中都有一个圣人，只需要在心上用功，把私欲扫除，便可成为圣人。"弟子问："怎么个心上用功？"王说："你的心能知是非善恶，一个恶念发动时就克掉它，一个善念流行时就保持它。"弟子说："您这不就是禅宗吗？"王说："不一样，禅宗说人人都有佛性后就枯坐，什么都不管了。而我说了在心上用功后，必须去实践。"弟子说："这还是朱熹说的'格物致知'啊！"王说："不一样，朱熹说的是通过实践去寻找真理。而我认为，真理已经在我心中，我去实践，只是去验证而已，最终目的是磨炼我的心。"……好像越说越说不清楚。

2.《传习录》："萧惠好仙、释。先生警之曰：'吾亦自幼笃志二氏，自谓既有所得，谓儒者为不足学。其后居夷三载，见得圣人之学若是其简易广大，始自叹悔错用了三十年气力。大抵二氏之学，其妙与圣人只有毫厘之间。汝今所学，乃其土苴，辄自信自好若此，真鸱鸮窃腐鼠耳。'惠请问二氏之妙。先生曰：'向汝说圣人之学简易广大，汝却不问我悟的，只问我悔的。'惠惭谢，请问圣人之学。先生曰：'汝今只是了人事问，待汝办个真要求为圣人的心，来与汝说。'惠再三请。先生曰：'已与汝一句道尽，汝尚自不会。'"

三、致良知

《孟子·尽心上》："人之所不学而能者，其良能也；所不虑而知者，其良知也。孩提之童，无不知爱其亲者，及其长也，无不知敬其兄也。亲亲，仁也；敬长，义也。无他，达之天下也。"

《大学》有"致知在格物"语。王守仁认为，"致知"就是致吾心内在的良知。良知人人具有，个个自足。"致良知"就是将良知推广扩充到事事物物。"致"本身即是兼知兼行的过程，"致良知"就是知行合一。"良知"是"知是知非"的"知"，"致"是在事上磨炼，见诸客观实际，在实际行动中实现良知。整体讲法，不脱孟子"扩充本心"说。

《孟子·尽心上》："尽其心者，知其性也，知其性则知天矣。"尽，扩充；心，指所谓天赋的恻隐、羞恶、辞让、是非之心。知性，指认识所谓天赋给人的本性，即仁义礼智"四端"所显现者。

故阳明四句教"无善无恶心之体，有善有恶意之动，知善知恶是良知，为善去恶是格物"是整体的，不能割裂开来看。良知不是本体，是"四端"之心；心意既动，接着格物，就是致良知了。

阳明《答顾东桥书》强调，"区区格、致、诚、正之说，是就学者本心、日用事为间体究践履，实地用功，是多少次第、多少积累在，正与空虚顿悟之说相反"，亦是此意。

四、平常心

1."平常心是道"，最早是马祖道一提出来的。从南泉普愿传到赵州从谂手上，更是发扬光大，成为标志。学人向赵州从谂问道时，他常常就顺手从眼前的平常事物拈来回答。著名的公案例如：

> 僧问："如何是学人自己？"师云："吃粥了也未？"僧云："吃粥也。"师云："洗钵去。"其僧忽然省悟。……僧问："万法归一，一归何所？"师云："老僧在青州作得一领布衫，重七斤。"

其他像"吃茶去""大道通长安"都是脍炙人口的禅语。但这样问东答西，或感觉是叫人当境即是，不必用心，就是平常心吗？无门慧开诗曰："春有百花秋有月，夏有凉风冬有雪。若无闲事挂心头，便是人间好时节。"是不是放松心情，自然自在就好？

2. 近年最有名的平常心故事：1965年日本围棋第四期名人战决战，吴清源唯一的弟子林海峰竟取得了名人挑战权，并且一鼓作气，以四比二的战绩，将日正中天的坂田荣男赶下了名人宝座。二十三岁的名人不但在当时是破天荒的大事，而且一直到今天也依然是一个没有被打破的纪录。而其中最关键处，是第一局失败，要在去冲绳岛进行第二局挑战之前，他去求老师指点迷津。吴清源给了他三个字："平常心。"

吴清源当时用日语念出这三个字。林海峰认为这是日语中很浅俗的一句话，意思一听就懂，但却不明白这句话与棋道有什么关系。吴清源向他解释说："你不可太过于患得患失，心情要放松。你今天不过二十二三岁，就有了这样的成就，老天对你已经很厚很厚了，你还急什么呢？不要怕输棋，只要懂得从失败中吸取教训，那么，输棋对你也是有好处的。今天失败一次，明天便多一分取胜把握，何必怕失败呢？和坂田九段这样的一代高手弈棋，赢棋、输棋对你都有好处，只看你是否懂得珍惜这份机缘。希望你保持平常心情，不要患得患失。"

3. 这种平常心，当然也有作用，但只是在一切环境当中不起分别执着（一相三昧），在一切行为当中不起分别执着（一行三昧）。"若于一切处而不住相，于彼相中不生憎爱，亦无取舍，不念利益成坏等事，安闲恬静，虚融淡泊，此名一相三昧。若于一切处，行住坐卧，纯一直心，不动道场，真成净土，此名一行三昧。"许多公案讲的都属于这种情况。

例如有个学僧请教长沙景岑禅师："什么是平常心？"禅师回答："平常心就是要睡就睡，要坐就坐。"那个僧人说："弟子对此理解不了。"禅师进一步说明："你感到热就去纳凉，感到寒冷就到暖和的地方去待着！"赵汝锅"笠戴天童雨，鞋穿雪窦秋。平常心是道，莫更问人休"云云，也是如此。

但这种平常心，跟闲汉有何区别？偏重放下、不执着、安坐现实的一面，其实正是王阳明所批评的。

4. 平常心，不只是这样！马祖道一说的，乃是"即心是佛""平常心是道"。两者是一个整体，不能割裂开来看的。故《景德传灯录》记载："（马祖道一）一日谓众曰：'汝等诸人，各信自心是佛，此心即是佛心。达磨大师从南天竺国来，躬至中华，传上乘一心之法，令汝等开悟。'""心外无别佛，佛外无别心。……若了此心，乃可随时着衣吃饭，长养圣胎，任运过时，更有何事？"

用《楞严经》来解释即是，"一切众生，不成菩提及阿罗汉，皆由客尘烦恼所误"。"一切众生，从无始来，迷己为物，失于本心，为物所转"。"一切众生，从无始来，生死相续，皆由不知常住真心，性净明体，用诸妄想。此想不真，故有轮转"。这几句，表达的才是"平常心是道"。

五、两圈中交集的部分及争议（明心见性、本心、真心、佛心、如来藏自性清净心、良心）

禅宗在近代引起了一个重大争议，争议的核心是佛性思想。禅宗说人都有佛性、众生平等。所以人只要明心见性，便可以立地成佛，这是《六祖坛经》的核心思想之一。

所谓佛性，我们也把它称为如来藏性、如来性或者觉性，指佛陀的本性，这是我们中国佛教界对佛性的一般理解。有些时候，我们又把它称为心、本性、法性、真如等。

第一，我们最早讲人皆有佛性、人皆可成佛，是从竺道生开始。当时他讲"一阐提人皆得成佛"的佛性理论,大家都不相信,因为当时的理论认为人并非都有佛性,有些人有,有些人没有,一阐提迦就没有。没佛性的人是不能成佛的,就好像我们种一颗丝瓜子,绝对不会长出葡萄来,人种不一,佛性自然不同。但是从竺道生以后,汉传佛教都慢慢地接受了人皆可以成佛的理论,到了禅宗,讲得尤其透彻。

这个思想,在六祖见五祖的时候便有明确表示:"人有南北,佛性无南北。"众生皆有佛性,人是平等的。

第二,佛性是人本来的自性,佛性本来清净,我们之所以不清净是被客尘所染。只要能够彰显本心,"染"就去除了。所以说本性清净,只要用此心,直了成佛。

第三,我们自性本来自足,含藏一切,万法都是从心中显现出来的,所以自性含万法,万法就在人性之中。"三世诸佛,十二部经在人性中本自具有"。所以自性是万法、一切的本源。这些是中国禅宗的基本想法。但是这种想法在近代引起了很大的争议,很多人认为这根本不是佛教,违背了佛教的根本道理。

最近的质疑是1986年日本兴起的批判佛教的思潮,代表著作包括:(1)《本觉思想批判》(1989年),(2)《批判佛教》(1990年)。还有松本史朗的代表作,包括:(1)《缘起与空——如来藏思想批判》(1989年),(2)《禅思想之批判的研究》(1994年)等。这些批判,认为自性、心性、本觉的说法是错的。

这很快在国际佛学界引起了轩然大波。所以，北美佛学界在1993年的美国宗教年会里，就有一组特别针对批判佛教的讨论，收集了二十二篇相关文章，后来出版为《修剪菩提树："批判佛教"的风暴》一书。菩提树在禅宗有很重要的寓意，故这书名就表示是一次批判禅宗的风暴。

其他相关的研究还有很多。由于在大陆，禅宗的力量很大，所以对于这些批判不是很在意，反应也比较小。但是在台湾，早有傅伟勋《道元与批判佛教》（收于《道元》，东大图书公司，1996）、林镇国《佛教哲学可以是一种批判哲学吗？》（收于释恒清主编的《佛教思想的传承与发展——印顺导师九秩华诞祝寿文集》，东大图书公司，1991）等。

其实这是个有意义的话题，可以促使我们重新研究佛教到底是什么，禅宗是什么，真常心系是什么。这些都是很大的争论，引发了一场新风暴。

批判佛教的主要观点认为：真常心系的如来藏思想是伪佛教，不能称为真正的佛教，因为它违背了佛教的根本意义——"缘起"和"无我"。而它之所以有违这两个佛教的基本教义，乃是因为它带有强烈的神我思想。松本史朗将它称为dhaatu-vaada（基体论），即是指单一实在的基体（dhaatu）生起多元的诸法（dharma）。所以他们强烈地批判本觉思想，甚至指出禅宗、《维摩诘经》的"不二法门"等，都不是真佛教。

因为本觉思想主张一切"法"根于一个"体"，或者一个"真如"从一个"本觉"生出来，所以他们觉得这是一切要回到"本心"这一最主要的权威，不承认一切文字、一切外在的东西，不承认概念，也不承认知性、推理、逻辑的有效性，收摄到单一的"本觉"上。他们认为这和印度的"梵我论"相同，在中国则是跟道家"自然"相结合的，偏离了佛教原来的思想，违背了缘起观。

因为，假如讲缘起，就是无我，无我才能真正达到"利他"。若讲本觉，讲"一佛成道观见法界，草木国土悉皆成佛，有情非情皆具成佛道"等，不外乎是一种欺骗。真佛教不是这样的，真佛教比较接近西方哲学，是一种知性的推理，而我们中国却强调开悟与体验。

我们觉得其批判可能不准确，因为禅和神我论还是有区别的，特别是如来藏思想。我们能不能把如来藏思想理解成基体主义？恐怕不行。如来藏不是生出生死，而只是说生死会依如来藏。也就是说：如来藏在染，就是生死；如来藏在净，就是涅槃。我们一般人会把如来藏看成一个实体般的东西。可是《胜鬘经》说："如来藏者，非我、非众生、非命、非人。如来藏者，堕身见众生、颠倒众生、空乱意众生，非其境界。"我们这些众生、一般人，颠倒梦想，会把如来藏看成一个实体，可实际上如来藏不是。

对如来藏的理解，非常困难，过去确实有很多人把如来藏当成一个实体，像《大般涅槃经》的《师子吼菩萨品第十一之一》里面就谈到了佛性和缘起法的一个关系：一般人看万法，要不就是持神我论的"常见"，要不就是虚妄的"断灭空"，这两者都是佛教所反对的。佛教讲的是"无常无断"，既不是神我论的"常有常见"，也不是"断灭空"。这个义理很难解释，因为它是"真空"，但是它有"妙有"的趣味，所以很多人会怀疑它是不是含有神我论的气味，即使是印顺法师也如此。

印顺法师的研究有个重点——要说明如来藏思想不违背佛陀，只不过它早期在印度不是主流。但对如来藏，他也有批评，认为如来藏的讲法是受印度神学影响，因为如来藏和梵我论还是很像的。

像印顺法师的这种怀疑，其实早在《楞伽经》里，大慧菩萨就曾经提出过。大慧问佛陀说："世尊，为什么你和外道一样，都说有一个如来藏呢？"佛陀回答说："我说如来藏，不同于外道所说的我。大慧，有时候我说空、无相、无愿、如、实际、法性、法身、涅槃等，于法无我，离一切妄想，是以种种智慧善巧来说，这是一种方便的说法。有时说如来藏，有时说无我。只不过说无我，一般人不能理解、不能接受，所以我有时会讲如来藏。"佛的目的是"为断愚夫畏无我句"，一般人听到"无我"害怕，一般人总是"执我"，所以要开导他们，讲如来藏。可是它和外道讲的"我"不一样，是一个"无我"的如来藏。

从佛陀的本意上来看，如来藏绝对不像批判佛教的人所说，是一种基体主义，或者是"有我论""神我说"或"梵我"思想。这也间接地回答了前面那个说禅宗不是佛教的讲法。很多人都说佛教的中国化背离了佛教原意，可是佛教继续发展，可能也就会发展成中国佛教的这种形态。

要知道，批判佛教之类论点，不是现在才出现的。从晚清佛学复兴之后，这争论即一直存在。支那内学院欧阳竟无先生及其门下吕澂先生等，就觉得我们的佛教跟印度已有很大的不同，中国人讲佛教，所信仰的常是伪经、伪论（伪经就像《楞严经》这种，是原来印度没有的。伪论就像《大乘起信论》这种，也不是印度有的）。中国人讲的"本觉"的思想，跟佛教的"本寂"思想也大不相同。故大乘非佛说、"真常心"这个讲法也不是佛教的，禅宗尤其不是佛教。

对这些留下来的争议，我们现在可以说，从理论上看，佛教不是神我论，也不是基体主义。"真常心"的讲法在印度当然不是主流，但在后期发展中，这个含义却越来越凸显了，所以"真常心"在印度是支流，在中国是主流。

六、两圈中没有交集的部分

（一）禅家丛林。马祖之前的禅宗祖师，多崇尚头陀行，没有自己的寺院。但从他开始，因为受到官府的支持，且门徒众多，禅宗开始建立属于自己的寺院系统，制定了自己的规矩。俗话说："马祖创丛林，百丈立清规。"他所创立的丛林制度对后世汉传佛教的发展影响广泛。

（二）天道论与缘起论。儒家承认有一个道德创造的实体，如天、天道、天理、理、诚体等。然而在佛教看来，一切都是依因待缘而后起，是无自性的，并不存在儒家所谓的"实体"。

（三）闻见之知。

黄檗禅师《传心法要》：

> 然本心不属见闻觉知，亦不离见闻觉知。但莫于见闻觉知上起见解，亦莫于见闻觉知上动念，亦莫离见闻觉知觅心，亦莫舍见闻觉知取法。不即不离，不住不着，纵横自在，无非道场。

王阳明《答欧阳崇一》：

> 崇一来书云："师云：'德性之良知，非由于闻见，若曰"多闻择其善者而从之，多见而识之"，则是专求之见闻之末，而已落在第二义。'窃意良知虽不由见闻而有，然学者之知，未尝不由见闻而发；滞于见闻固非，而见闻亦良知之用也。今曰'落在第二义'，恐为专以见闻为学者而言，若致其良知而求之见闻，似亦知行合一之功矣。如何？"
>
> 良知不由见闻而有，而见闻莫非良知之用，故良

知不滞于见闻，而亦不离于见闻。孔子云："吾有知乎哉？无知也。"良知之外，别无知矣。故"致良知"是学问大头脑，是圣人教人第一义。今云专求之见闻之末，则是失却头脑，而已落在第二义矣。近时同志中，盖已莫不知有"致良知"之说，然其功夫尚多鹘突者，正是欠此一问。大抵学问功夫只要主意头脑是当，若主意头脑专以"致良知"为事，则凡多闻、多见，莫非"致良知"之功。盖日用之间，见闻酬酢，虽千头万绪，莫非良知之发用流行，除却见闻酬酢，亦无良知可致矣，故只是一事。若曰致其良知而求之见闻，则语意之间未免为二。此与专求之见闻之末者虽稍不同，其为未得精一之旨，则一而已。"多闻择其善者而从之，多见而识之。"既云择，又云识，其良知亦未尝不行于其间，但其用意乃专在多闻多见上去择、识，则已失却头脑矣。崇一于此等处见得当已分晓，今日之问，正为发明此学，于同志中极有益。但语意未莹，则毫厘千里，亦不容不精察之也。

王畿《刑部陕西司员外郎特诏进阶朝列大夫致仕绪山钱君行状》：

辟龙泉中天阁，请夫子（守仁）升座开讲，君首以所学请正。夫子曰："知乃德性之知，是为良知，而非知识也，良知至微而显，故知微可与入德。唐虞授受，只是指点得一微字。《中庸》不睹不闻，以至无声无臭，中间只是发明得一微字。"众闻之，跃然有悟，如大梦之得醒，盖君实倡之也。

《清代思想史的一个新解释》：

王氏的"致良知"之教，虽然后来流入反知识的路向，但阳明本人则并不取反知的立场。他正视知识问题，并且要把知识融入他的信仰之中。所以他和柏格森一样，是"超知识的"（Supra-intellectual）而非"反知识的"。王阳明自己说过，他的"良知"两字是经过百死千难得来的，不得已而与人一口道尽。阳明经过艰苦深刻的奋斗，最后发明了良知学说，解决了知识问题对他的困扰。但是后来的人没有经过"百死千难"，就拿到了良知，那就是现成良知，或"伪良知"。抓住这个把柄（当时明朝人如陈白沙喜欢用"把柄入手"这个说法），他们认为是找到了信仰的基础，因此不免形成一种轻视"闻见之知"的态度。而且有了这种"把柄"，他们更自以为在精神上有了保障，再也不怕任何外魔的入侵。

我们知道，从朱子、陆象山到王阳明，儒学主要是在和禅宗搏斗的，道家还在其次。儒家的心性之学，虽然说早在孔、孟思想中已有了根苗，事实上，宋明理学是深入了佛教（特别是禅宗）和道家之室而操其戈。可是到了明代，禅宗已衰歇了，理学讲了五六百年讲到了家，却已失去敌人。不但如此，由于王阳明和他的一部分弟子对于自己"入室操戈"的本领大有自信，他们内心似已不再以为释、道是敌人，因而也就不免看轻了儒、释、道的疆界。阳明说：释氏说一个"虚"字，圣人又岂能在"虚"字上添得一个"实"字？老氏说一个"无"字，圣人岂能在"无"字上添得一个"有"字？这种议论后来便开启了王学弟子谈"三教合一"的风气。但是对于不愿突破儒家樊篱的理学家而言，这种过分的"太丘道广"的作风是不能接受的。那么，怎样才能重新确定儒学的领域呢？这就逼使一些理学家非回到儒家的原始经典中去寻求根据不可，儒家的"文"的传统在这里便特别显出了它的重要性。

再就儒家内部来说，朱、陆的义理之争在明代仍然继续在发展，罗整庵和王阳明在思想上的对峙便是最好的说明。这种思想理论上的冲突最后也不免要牵涉到经典文献上面去。例如程、朱说：性即理，象山说：心即理。这一争论在理论的层次上久不能解决，到明代依然如此。例如罗整庵是程、朱一派的思想家，服膺"性即理"的说法。然而他觉得只从理论上争辩这个问题已得不到什么结论，因此他在《困知记》中征引了《易经》和

《孟子》等经典，然后下断语说：论学一定要"取证于经书"。这是一个非常值得注意的转变。本来，无论是主张"心即理"的陆、王或"性即理"的程、朱，他们都不承认是自己的主观看法：他们都强调这是孔子的意思、孟子的意思。所以追问到最后，一定要回到儒家经典中去找立论的根据。义理的是非于是乎便只好取决于经书了。理学发展到了这一步就无可避免地要逼出考证之学来。不但罗整庵在讲"性即理"时已诉诸训诂的方法，其他学人更求救于汉唐注疏。例如黄佐就很看重《十三经注疏》，他认为郑玄对于《中庸》"道不可须臾离也"那句话的解释最简单，但也最正确。"道"便是"道路"之意。黄佐更进一步说，如果我们仍以为郑康成不是真儒，仍以为求孔、孟之"道"只有靠"明心见性"的路子，那么我们便真是甘心与禅为伍了。又如稍后东林的顾宪成更明白地提出了为学必须"质诸先觉，考诸古训"的口号，这岂不就是后来清儒所谓"训诂明而后义理明""汉儒去古未远"这一类的说法的先声吗？

由此可见晚明的考证学是相应于儒学发展的内在要求而起的。问题尚不止此，晚明时代不但儒学有这种转变，佛教也发生了同样的变化。陈援庵先生研究这一时期云南和贵州的佛教发展，曾指出一个极有趣而又重要的现象。他说："明季心学盛而考证兴，宗门昌而义学起，人皆知空言面壁，不立语文，不足以相慑也，故儒、释之学同时丕变，问学与德性并重，相反而实相成焉。"援庵先生的观察真是深刻，可惜治明清学术思想史的人一直都没有留心他这一精辟的论断。我最初讨论儒家智识主义的兴起时，也没有发现他的说法。后来写《方以智晚节考》，涉及晚明佛教的情况，细读《明季滇黔佛教考》，才注意到这一段话，我当时真有说不出的佩服和兴奋。这一段话使我对自己的看法更有信心。因为援庵先生并不是专治思想史的人，而他从不同的角度竟然得到了和我极为相近的结论，足见历史知识的确有它的客观基础。更值得注意的是，援庵先生所说的佛教主要是指禅宗而言。禅宗本来是"直指本心、不立文字"的，但现在也转入智识主义的路向上来了。又据援庵先生的考证，明末许多禅宗丛林中都有了藏经楼，大量地收集佛教经典，可见佛教和儒家一样，内部也有了经学研究的要求。罗整庵"取证于经书"的观点不但适用于儒学，并且对禅宗也同样的有效。

我刚才曾提到"德性之知"和"闻见之知"的问题，这一点在王阳明之后也有重要的发展。阳明死在1528年①，十年之后（1538年）王廷相写《雅述》便特别指出见闻的重要，强烈地反对所谓"德性之知"。他说：人的知识是由内外两方面造成的。内在的是"神"，

---

① 王阳明死于1529年。——编者

即是认知的能力；外在的是见闻，即是感官材料。如果不见不闻，纵使是圣人也无法知道物理。把一个小孩子幽闭在黑房子里几十年，等他长大出来，一定是一个一无所知的人，更不用说懂得比较深奥抽象的道理了。所以王廷相认为人虽有内在的认知能力，但是必须通过见闻思虑，逐渐积累起知识，然后"以类贯通"。他最不赞成当时有些理学家的见地，以为见闻之知是小知，德性之知是大知，这个分别他认为只是禅学惑人。专讲求德性之知的人，在他看来，是和在黑房子里幽闭的婴儿差不多的。

再举一个明显的例子。明末的刘宗周是宋明理学的最后大师，在哲学立场上，他接近陆、王一派。但是在知识问题上他也十分反对"德性""闻见"的二分法。他在《论语学案》里注释"多闻择善、多见而识"一章，便肯定地说人的聪明智慧虽是性分中所固有，可是这种聪明智慧也要靠闻见来启发。所谓德性之知也不能不由闻见而来。王学末流好讲现成良知，认为应该排斥闻见以成就德性，刘宗周便老实不客气地指出这是"坠性于空"，是"禅学之谈柄"。

王廷相、刘宗周的观点可以代表16和17世纪时儒家知识论发展的新方向。这个发展是和儒家"文"的传统的重新受到重视分不开的。

抵达王船山

一、出土文物王船山

王船山是明末清初重要的思想家，但他非常特别，在当时并没有太大声望，也没有形成一定的影响力。

凡所谓大学者，一定在当时就具有名望，有学生，有著作，有传播，有影响，但船山不然。船山只活动于湖湘一带，所来往和有私交的朋友，在当时的学术圈里也并不知名。

故他跟黄宗羲、顾炎武非常不同。黄宗羲是东林巨子，在政治、社会、文化方面影响极大，同时也能掌握全国学术界动态资讯，是个文献大家，有能力编《明儒学案》，影响力一直持续到清代。其著名的《明夷待访录》虽然对当时的政治和时局有所批判，但还是流通广远。顾炎武的影响力更深，他所提倡的学风，一直影响到后来乾隆嘉庆时期。所以在清朝初年，论知名度和影响力，王船山远远不及黄宗羲、顾炎武等人。

船山只能代表一批有文化理想，也有很深学术积淀，但被时代所淹没的学者。后来因时局变化，船山才逐渐被人所知。

我称他这一类人是"半出土文物"。价值与作用，其实都不在他活着的时代，而在他被"发现"的时代。

船山就是如此。其学说在当时并没有大显，到清朝中叶以后才逐渐露出其光芒。我们研究古代的人物和文献，不能只看他活着的那个时代，人物和文献起作用的，往往在后世。

二、寂寞畸儒王船山

最先发现船山的学问的是曾国藩兄弟。在道咸同光之际，他们代表湖南向世人证明：此地原来还有这么深厚的学术传承。

之后是维新革命时期，革命者将船山著作印发传播，强调其民族精神，抗清排满，影响深刻。

接下米便是民国时期，关注的焦点是船山的史学和易学。王船山的易学非常有特点，自成体系，对近代哲学家如熊十力等人有很大的启发。另外便是他的诗学，王船山的诗话与其他人很不一样，所以吸引人从新兴的"文学批评"这个角度来看。

但是这些热点到"文革"前后有很大的变化。当时讲儒法斗争，在思想上要解释王船山，便倾向于把王船山与唯物论结合起来，说他延续了张载《正蒙》里面的"气"，不必把他放到唯心论阵营，以此来说明船山学的正面价值。

20世纪80年代以后，船山学说因为《船山全书》编辑完成，也热过一阵。但最近二十年，处于不温不火的状态，不像王阳明在前几年成为全国性的文化热点，也影响到企业管理、帝王学等各方面。

近两年船山学又开始升温。这当然跟船山的四百周年诞辰纪念有密切的关系。但我还注意到湖南还有一种纪念船山的方式，就是宣传王船山已经被天上封为"雷神"。

这是船山学的发展状况。总体上说，每个时期都热闹过一阵，可是视野却比较狭窄，见树不见林，而且赶流行，趁时髦，附和政治形势，许多谈不上有什么学术价值。

同时他也没有知音。

曾氏兄弟虽然刊刻过《船山遗书》，但只是老乡，其学问实际上跟王船山一点关系都没有，或者说跟他很不同。例如文章，曾国藩是从桐城派发展出来的，对文章的观点跟王船山便截然异趣。

诗歌呢？清朝末年，在湖南影响最大的诗人是王闿运，他反对唐诗，提倡八代。东坡曾夸韩愈"文起八代之衰"，后来古文家都持这个观点，王闿运的主张却恰好相反。民国时期，王闿运的地位甚至被形容为"托塔天王"。王船山也不喜欢盛唐，特别讨厌自杜甫以来的诗风，但他跟王闿运的理由迥然不同。船山也许代表了明朝末年湖湘的诗风，但跟清朝后期的湖湘诗风对比，差异甚大，故其实是既无赏音也无嗣响。

另外，湘中清朝末年的学问，不论是做注解的王先谦，还是讲版本，做考证的叶德辉，都是朴学一路，甚至还要"翼教"。他们对清朝政府的态度，跟王船山哪点一样呢？

所以虽然湖南人很热情地提倡船山，但这两百年来湖南的学风实际上跟王船山无关且不相同。湖南人之爱谈船山，大抵只可说是"钦其宝而莫名其器"，乡谊重于学问（当然，这也很可贵。你看其邻省江西这些年对欧阳修、王安石、黄庭坚、文天祥、陈三立家族等，就远没这样的热情）。

再扩大点说。船山的学问在过去，可以说被时代淹没了，后来逐渐被发扬以后，所关注的焦点却很零散，对于船山学术的全面研究其实还有待展开。现在纪念者多，佩服其节操和学问的人也多，但真能了解他的人其实很少。虽然有关船山的论文好像已经很多了，但实际上还是处于畲田开荒的状态。

船山自谓"六经责我开生面"，以经学自负，而经学也正是他学术的主干。可是经学本身，在这一百年就是个弱化，乃至被取消的学科，直到最近这些年才慢慢恢复。2004年我和清华大学共同举办经学研讨会，我人都到了北京，居然被告知经学研讨会还不能开，得改个名字。因为过去经学是个黑学科，现在还需谨慎。后来到2006年才开了第一届经学研讨会。在这种情况下，船山的经学如何得到阐发？

对船山经学的有限研究中，《易经》最多，船山的尚书学、春秋学、礼学却都还很少人谈。诗经学则都是由做文学批评的人在推动。至于四书学，船山在四书上花了很大力气，有关四书的专著很多，但关于船山四书学的讨论其实甚少。少数研究四书的，又常不知关联于五经。

船山的诸子学本身比较窄，集中在老、庄，对其他的诸子用力不多。但即使是老、庄的部分，目前研究也较粗。譬如说，船山跟晚明憨山释德清之类整个庄子学的风气能不能贯通起来做一些相关的比较？目前这些研究就还比较少。

船山的佛学又是极特殊的。

玄奘大师从印度取经回来开创了法相宗一派，但这一宗只传了两代就断了。直到晚清，窥基大师的注解从日本被带回来后才在国内带动起新的风潮，要求"回到玄奘，回到印度"。这是晚清到民国时期佛学发展的重要动向。由唐代中叶到清朝末期却皆是断层。

这断层中唯一的亮点就是晚明。居然在一些不相干的地方，有些人因特殊机缘，对唯识学有一些研究，犹如黑夜中还有几点各自闪耀的星光。像蕅益和船山，就是这些星星。

船山专门写过《相宗络索》，这是少数在断层期中有关唯识宗的研究。但即使在近代唯识学重新发展以后，他在佛学上的贡献也没有重新得到阐发。

另外就是他的理学。他延续张载，在"气"上颇有发挥。但理学在近代是一个被打压、被污名化的学问，他在理学方面的贡献和地位也需要深入地研究。

船山跟其他的经学家和理学家又有很大的不同，他还是文学家。他的辞章、义理、考据都很好，但其辞章之学很少有人关注，大家关注的都是他的民族气节和圣贤学问这些大方向。可是作为一个文人，船山非常全面，能够编杂剧，可以作词作曲，诗文辞赋更不在话下。这些，从来没人讨论。他的文人性格，诗酒潇洒，逸兴豪情，一写梅花诗就一两百首，落花诗又一两百首，这种诗兴和文人性情，也可以看出中国文人传统的发展。

在明代，文人跟理学家颇不对盘。文人笔下的理学家都是陈腐的，理学家则觉得文人都是浪荡才子。但船山身上两方面都有，所以王船山是值得研究且需要研究的。

三、奇特的船山之镜

我说船山值得研究，跟现在相关的研究旨在服务于他个人，发其潜德幽光，或把他阐扬成伟大圣哲都不一样。认为船山值得研究，必须是因关注船山能解决什么重大学术问题，说明时代或历史的脉络。否则活过的人多了，用功写书的人也多了，都要我们花精神研究吗？

面对好的研究对象，犹如照镜，可以看到我们见识的鄙暗、认知的混乱、意量的褊狭、史实的错落，乃至人生道路的歧误等。

先说他的经学。他自称"六经责我开生面"，学问是从经学中发展出来的。

但我们在讲思想史、哲学史的时候向来有个大历史脉络的理解，认为明朝正是个经学衰落的时代。这时代只讲理学，重视四书，不读五经，所以后来顾炎武提出一个口号，要以经学代替理学，以振衰起敝。又由于大家都空谈性理，不切实际，所以颜元又起来提倡"实学"，要以实学替代理学。明清之际，学风之改变，出现考证学派，其逻辑脉络即是如此。理学家们争论心性问题，最终也还是要求证于经典，故由理学、心学也是可以导引或生出经学考证风气的。

这些研讨，是学界一大热闹场。可是船山呢？这些讨论都忽略了船山的存在！由船山看，就知道经学在明代自有传承，且在清朝那些经学家出现之前，早已有船山这样的经学大师。我以前写《晚明思潮》时，曾举何良俊、归有光、钱牧斋等今日沪苏区域的学人为例，说明晚明自有其经学传统。如船山，亦正是湖湘经学之显证，而其与归有光等人共同的经学线索，又是过去根本不在意的"经义文"，也就是俗称的"八股"。过去的陈腔滥调，由于都没注意这些，所以均应修改修改了。

理学，过去的讨论框架是"程、朱与陆、王"，晚明则被定义为王学崛起之时，挑战甚至动摇了程、朱的时代。

可是对船山完全不能用这个框架讨论。他近程、朱，但接上的是张载，重气甚于性理，与大部分理学家均不同。讲心则不由良知说，重气质、重习染、重教育，根本看不上王阳明。

当时三教合一之势甚昌，阳儒阴释者很多，船山却为纯儒。可是这种纯儒却是既批判佛、老又结合佛、老的，可说极为特殊。他的庄子学，参合儒门；其唯识，则单提法印，在当时禅风大盛之际，幺弦别弹。这都可以让我们看见不一般的景况。

另外，晚明是个世俗化已很厉害的社会，过去曾以"资本主义萌芽"来形容这已有明显现代资本主义社会现象的时代。这种比附虽然不可取，但那时通俗诗文、戏曲、小说大盛，市井文化大昌是无疑的。船山当此时会，乃恰好显示了他是一个能兼合两个传统的人。

两个传统，指"大传统"和"小传统"。一般儒生读书人，都只处在大传统中，不熟悉庶民生活及语言。船山则不然，对小说戏曲、俗语土话、插科打诨都极熟稔。我《船山诗学臆说》一文曾举了许多例子，说明他揎掇禅语，貌充哑谜者甚多，并说其《遣兴诗》七十余首、《广遣兴》三十余首，俱如是也。者皮腔鼓雷、惊花牙板，总未消歇处，可知船山老叟于斯兴致匪浅，亦可知其评文论艺何以辄多俚俗言语；取譬于僧家与曲谣民艺处，亦不少见。自来儒者善辞章者罕，擅诗文者又罕，或并悉俚诨谐谑、里巷曲戏更罕，故诗文评语未有如船山般肆口者。所以说他是一位既能尽雅，又能尽俗的学者。此例本来罕见，过去更无研究者注意。

辞章方面。明代"文人"与"道学"分、理学与经学分是常态，船山却是大综合者。这种综合，不只是一般意义上的，更重要的地方在于他怎么合。

一般只是说某些人既有学问，又能写诗文，船山则是以经学来合的。因为儒家本来就以诗为始教，以乐为终教，兴于诗、立于礼、成于乐。故诗学为船山经学之关键。以诗性情优柔，温柔敦厚，遂为性理之学的根本。经文考证、经义研索，最后亦不至于碎义逃难，流湎无归，则心声之动，默会于言意之表；人天之间，或可兴于微言以相感。此辞章、义理、考据综合之路也。

庄子曰"道术将为天下裂"。自春秋战国以来，裂了两千多年。船山乃彰此大路，恢云逵而建天梯，期望能让人重新回到群经浑沦、道术未分的时代。其志甚大！可惜，时代没呼应他，现代人也还不了解他。噢，不是，是不了解我们自己。

儒家之书岂易读哉？

王夫之（1619—1692），世称"船山先生"，乃明末清初之大儒，近世深受学界推崇。今年因逢先生诞辰四百周年，纪念活动更是推向高潮。

船山学值得发扬，是不消说的。但目前常见的情况，首先是夸就乱夸、贬则乱打，结果夸非其美、抑非其实。其次是一重视就大家一窝蜂来乱捧，而且推尊无上；一不重视就弃若敝屣，根本没人看。这些年的阳明学即是如此，现在船山热起来了，习气还是如此。

船山学博大精深，胜义极多，但其中也有根本之问题是值得商榷，甚至应该批判的。

例如他尊君重礼、严等差上下尊卑之分、别男女、隔华夷、訾府兵、反科举、抑商贾、沮将率、贵世族、非乡团，而以君权不能下移，男女夷夏士庶各安其所为"天叙天秩"，都是错的，与孔孟之教殊途。持理固然不妥，论史亦多不当。

同时，因为船山代表了宋明理学中仍然重视史事史义的这个学脉，故我也认为这是儒学从经史相涵到经史分途之后，由"即事穷理"逐渐变为"以理断事"的形态，以致日益丧失了它的历史性，出现"立理以限事"的危险。现在发扬船山学，不能不知道、忽视或回避这一点。

一、严男女之防

船山论治，有非常浓厚的尊卑观，男尊女卑，即为其一。他反对女人参政、干政甚或从事文教工作。《读通鉴论》中说，"妇者，所畜也；母者，所养也；失其道，则母之祸亦烈矣，岂徒妇哉"？"邓后为邓氏近亲开邸第教学，而躬自试之，史称之以为美谈。……'妇人识字则海淫，俗子通文则健讼。'诗书者，君子所以调性情而忠孝，小人所以启小慧而悖逆者也。故曰：'民可使由之，不可使知之。'"此类言论不一而足。

船山在形上学方面，虽云乾坤并建，政治上却相反。女人属阴，"静以听治于人者也"，所以在政治上没有说话的份。他以此为人禽之别，也以此为人鬼之分，说："女子之干丈夫也，[夷狄之干中夏也]，鬼之干人也，皆阴之干阳也。"

从儒家反对"牝鸡司晨"的传统来看，好像此说乃儒家通义，实则不然。因为阴阳的关系，船山讲得绝对化了。以《易经》来看，《坤》说得好："坤，至柔而动也刚，至静而德方。"可见坤亦非只是静，只是柔。

其次，坤道固然是"顺"，但是《坤》在"坤道其顺乎"之下，立刻接着说，"直，其正也；方，其义也。君子敬以直内，义以方外"。可见坤也不是指一味柔弱顺从，听治于人。

再者，坤阴即不能从事政治吗？更不是！坤之六三明明说，"含章，可贞，或从王事，无成有终。《象》曰'含章，可贞'，以时发也。'或从王事'，知光大也"，都认为妇女可从事王政，且会有好成果。

凡此，均证明阴阳不能孤立地看，也不能绝对化。从《易经》的义理看，女性主政固然非儒家所主张，参政却是应有之义。船山乃以此为禽兽道、鬼道，实在蔽固太甚。

而且，这种见解并不只显示在政治范畴中，因为船山是从本质化的角度来谈男女。男女之不同，是本质性的，男阳女阴、阳动阴静，女人就该静顺听治，阳主而阴从。故他解释"妇"字说"妇者，所畜也"。

这样的解释，在儒家传统中也不是个好说法。像《周易·蒙卦第四》注云，"妇者，配己而成德者也"，就显然比他好得多。他把妇女看成是男人所畜养之物，虽因这个物毕竟也是一种人，故对她的处理态度须有些不同（例如找家事给她打发寂寞，使不患其幽闷深宫如圈豚笼鸟之待饲)，但本质上跟养金丝雀没啥两样。

这样的态度，在现今，当然很容易引起女权主义者的批评。但我指出这一点，并不是想借此阿谀女权主义人士，而是想由此说明船山论史论治，事实上都存在着严重的问题。他把人分成许多等，然后本质化地重视某一类人，鄙视另一类人。其重视或鄙视，各有理论以润饰其立场，一如他以阴阳来解说男尊女卑、男主女从那样。其理不尽通达，其说不尽符合儒家通义，其论史事亦往往因此而失中，这是读船山之书者所不能不察的。

二、明夷夏之分

夷狄，亦如女人般，本质性地被船山鄙视，认为属于低一级的人。严夷夏之防，乃因此而亦是人禽之辨，为人道之大事："信义之施，人与人之相于而已矣；未闻以信义施之虎狼与蜂虿也。……故曰：'夷狄者，歼之不为不仁，夺之不为不义，诱之不为不信。'"

所以夷狄慕化，愿入中华，他反对。学中华礼乐，也不行。北魏孝文帝汉化，他说是沐猴而冠，猴失其为猴，可为大笑。

他一再用兽、非人、猴子来形容夷狄，认为人与人相处的原则（例如信义），不宜也不必施于夷狄。又认为中国的圣人之道，也不用由夷狄来推行；想教化夷狄，令夷狄施用圣人之道，更是徒劳。正如麋鹿与人不可以同群，勿强我如麋鹿般去吃草，也大可不必教麋鹿诵诗书。

我们应该也还记得，船山是反对女子读诗书、习教化的。他以同样的态度来思考华夷问题，故痛骂和亲、通西域、联夷以制夷等政策，对张骞、班超均不以为然，反而盛赞光武帝之"闭玉门，绝西域"。总之，华夷要分开才妥当，凡调和沟通者皆是乱了天地之纪律，会遭到他的恶评。

这样的讲法，明显属于种族主义，对民族间文化之交流或沟通，当然不利，也不符古代儒家所云"用夏变夷"之义。《春秋》论夷夏其实是个文化概念，故夷狄若能中国则中国之，孔子甚至欲居九夷。

船山则严夷夏之防。在他的理论中，夷夏固然也有文化含义，但基本上是种族概念，文化含义是依附在种族上的。夷狄因异种故文化低劣，多如猴如虫，即使来学我之文化，也只能是沐猴而冠，猴性难改。若依其说，则孔子欲居九夷，岂不也是"冠者欲复入于猴群，而必为其所侮，不足哀而抑可为之哀也"，有这种道理吗？

三、论士庶之别

在中国人民内部，船山也还要再做区分。他所欣赏的，是六朝那种世族门第式的社会。

也就是在民族内部论种性。世族华胄，是清流、君子。庶民、处士、寒门、市井，则为浊流、小人。君子与小人，亦如华夷，不容相混。他称此为人禽之辨。

船山论史，原本是重视时变的，所以说封建不可恢复，井田无法再行，兵农合一也不能复现于三代以后。但一谈到士庶之分，却头脑发热，主张恢复贵族封建制的社会体制，区分士族与庶民，实在非常奇特。

士族门第，是一种"闭锁式的社会"，其社会阶层化标准，为血统。血统是不能改变的，所以它所形成的社会阶层亦是封闭而稳定的，士人之子恒为士，庶人之子仍为庶。庶人纵或有才有学有智有能力，也无法打破阶级的藩篱，让自己上升到士的阶层，除非与上流社会通婚，改造血统。而凡此类封闭型社会，为了保持其血统的纯粹性，士庶之间，却又是严禁通婚的。昔人感叹南北朝门第社会"士庶之际，实自天隔"，原因即在于此。

船山却赞美此种阶层不流动的社会，而且说这种血统之分很合理，是"天叙天秩"，世族本质上就较庶民优越。平民百姓能够上升成为统治阶层的制度打乱了这种天叙天秩，则是洪水猛兽。

如此议论，当然也不合乎孔孟之教。孔孟论君子小人，均就其德说而不以其血统身份论。这是孔子扭转封建伦理的一个关键，正如他所倡导的"有教无类"，打破了身份垄断的受教育权。仲弓之父乃贱民，且行为不善。但孔子不仅夸仲弓学行之美非天地山川所能弃，更说他可以做国君。以此与船山相较，两者相去，不啻霄壤。

四、辨良贱之殊

在船山的理想国中，种族纯粹、姓族严分、男女内外攸别，才能井井有条。因此那是个绝对封闭的社会，"士之子恒为士，农之子恒为农"。

然而，依儒家性善论的观点说，人性本善，途之人皆可为禹，怎么能说市井氓庶中就不能出人才呢？

但船山认为人性虽然本善，人虽可以为尧舜，但那只是可能。实际上人受限于居处环境的习气所得，不免性相近而习相远，市井氓庶罕能有好令德者。

如此立说，虽然巧妙，但以子之矛攻子之盾，请问：既然性相近而习相远，使市井氓庶未能成德、未能为尧舜禹汤者在于环境、在于习，那么，圣人化民成俗，岂不正应改善其环境，使之习与性成乎？船山却又反对教化，谓"欲涤除而拂拭之，违人之习，殆于拂人之性，而恶能哉"。这不是自相矛盾吗？

可见性相近而习相远云云，仅是船山用以自我辩护的一套饰词罢了。以习为说，仅是为了维护他"士之子恒为士，农之子恒为农"，"倡优隶卒之子弟必禁锢之"的理想罢了。

士代表贵族，农代表良民。倡优隶卒，则是贱民。船山所维护的，就是这种血统身份的良贱制。

兵与商人，也都属于贱民，所以不应读书、习礼。政策上则要"困辱商贾"。商贾行为，在孔子那里，也绝对不会这样看。孔子不是自喻"沽之哉！沽之哉！我待贾者也"吗？以商贾自喻，孔子遂为嗜利之小人哉？将商贾视若夷狄，谓彼等之质相得、气相取，更是未之前闻。

五、重尊卑之等

王船山创造出这类"未之前闻"的主张，当然是因他发言的时代给了他刺激。他成书于顺治十三年（1656年）的《黄书》，即提倡民族主义，攘夷排满是他非常重要的思想轴线。但攘夷，孔子也攘夷，为什么不会如他那样将夷狄视为异类，拟诸禽兽呢？攘夷，为何对女人、庶民、兵、商也都要敌视困辱之呢？

要正视这些问题，才能真正掌握船山学的特点。

清末船山学复兴以来，论者喜其言攘夷排满也，谓将有助于革命，而遂漠视了船山攘夷说中种族主义的危险性。又仅知其攘夷，而不知其并夷狄与妇女、庶民、兵将、商贾俱攘之。又或据其言"阴阳浑合""乾坤并建"而以为船山有男女平等之见，都是不懂船山学的。

须知船山此类见解，关键处不在攘夷，而在尊王。彼屡云天叙天秩，其义即是他所理解的礼之大伦大义所在。故以为论治论世，首应辨等差，别尊卑，区上下，严内外。秉此以衡，则"君与臣""臣与民""良民与贱民""男与女""华与夷"莫不依序等差之，使各不相凌相混。

在这种思维之下，最尊者为天子，所以说："封建废而权下移。天子之下，至于庶人，无堂陛之差也。于是乎庶人可凌躐乎天子，而盗贼起。"权不可下移，其位则应居于最高。若破坏了这个位阶关系，天下就乱了。

船山批评篡弑，感叹封建之废，主张人民不可以讼官，都基于他所理解的这个"天纲人纪"。如此尊王，也无怪乎他在论史时，要痛批盗贼，反对将帅士大夫邀誉或结为朋党了。

天子最尊，其次便是士大夫，也该尊。尊士大夫也即是尊王的行为。怎么说呢？王者独尊，其势孤悬，对王者反而不利。因此他提出一个逐层分统的观念来描述君王的统治。那就像个厅堂，唯有一层层、一阶阶上去，才能显得王者之尊。若只有一层，王者就要直接面对老百姓，两者反而平等相对了，如此会"亵而无威，则民益亢而偷"。

"上"既要再分上下，区分出君与臣，"下"便也还要再分出等差贵贱，故有良民贱民之别。良民以农民为代表，贱民以兵和商贾为代表，而倡优隶卒附之。

此皆治下之民。若盗贼夷狄，则均为不受治者。盗须剿灭之，不可招安。

船山反对女主，反对妇女读书识字，反对徙戎，反对联夷制夷，反对以夷制夷，反对师夷长技以制夷，反对和亲，反对互市，反对教夷狄以礼乐，反对夷狄之主提倡中华文化，反对沟通西域交通外邦，反对社会阶层自由流动，反对兵农合一，反对以将为相，反对府兵制，反对重商，反对招安盗贼，反对处士或公卿大夫游谈邀誉等，都跟他重视贵贱等差有关。因此这才是船山史论的核心观念。

六、见俗说之谬

对此核心观念，历来论者实无认识，或誉其保种攘夷，或就其所论史事及制度之优劣短长处考而辨之。例如他批评均田制、府兵制、盐铁专卖制，又反对兵农合一，在制度史或实际史事的评价方面，都可以展开许多讨论。但这样的讨论，虽可增益对历史的认识，对理解船山的整体思想以及他据以论史的思想判准而言，却是琐细、不达根本之举。

又因时代之关系，论船山者，大多欣赏他的攘夷态度，而不免忽略了夷狄与女性、兵商、庶民在其论述结构中的同构性，也对他主张封闭型社会的主张，漠然无所批评。

侯外庐主编的《中国思想通史》将 17 世纪至 19 世纪 40 年代称为中国早期启蒙时期，把王船山列入其中，谓该时期思想之特色在于坚持农民的利益，反对一切政治法律束缚，反对特权和等级制度，而王夫之、颜元又都强调平等制度。关于船山思想，则说他属于中等阶级反对派，于资本主义前途的问题，他也发出一些"大贾富民"的资产阶级社会的憧憬。

这样的分析，有理论先行的毛病。船山论政从不坚持农民的利益，也不是资产阶级的观点，侯外庐借用马克思、恩格斯学说，本来就不易与船山之说相扣合。但这整体的解释框架问题暂且勿论，仅就几个具体的问题来谈：一、船山强调社会平等，反对等级制吗？二、船山主张大贾富民，憧憬资产阶级社会吗？

船山不讲社会平等，强调社会等级的尊卑上下等差，是再明显不过的。可是，这么明显的事，在从前，如侯外庐这些解释者视而不见，甚至还将它解释成相反的状况，岂不令人深慨成见误人以及读书之难？

侯书又说船山有国民之富的主张，以富人为国之灵魂，认为智力大者应该私有着一切，智力小者应该做穷人……这显然表示出一种市民阶级的理想，与亚当·斯密的理想相似。其实船山是说，天下无论贫瘠富饶之地，都有巨族豪富。这些地方大户，在窳陋的吏政状况下，担任着社会救济者的角色，事实上比政府更能纾解民困。可是，腐败的政府，却往往以摧折豪强为政绩，结果便是老百姓更苦了。因此，船山说秉政者的重点应在惩罚贪官污吏，而非弹压巨室。这样的文章，怎能用以论证船山"以富人为国之灵魂"？怎能说他要改变世家大族为商人阶级？

近年也有些人替船山解释，说他所强调的社会类阶性，仍不免受其时代的限制。其实也恰好相反，古之封建，区隔了士庶，唐宋以后，闭锁式社会便逐渐开放成为阶层流动较为自由的社会，身份血统造成的不公平也渐次消解。船山在晚明，却忽发思古之幽情，以天下为公为不然，倡言："以族姓用人者，其途隘；舍此而博求之，其道广；然而古之帝王终不以广易隘者，人心之所趋，即天叙天秩之所显也。"如此复古，能说他是被时代所限吗？

而他的复古，又恰好与古相反。古儒家处于君子小人本为身份之分的时代，努力将它转为道德之别。船山则主张"君子小人有其大闲"，绝对不能逾越。与儒家德化政治的主张，相去云泥。

再次，儒家当然也知道社会上有各种人，可是儒家更重视的不是阶级性、族类性，而是族类、阶级背后具有根源性的"贞夫一者也"的人性。船山却要提醒读者："均是人也，而夷、夏分以其疆，君子、小人殊以其类，防之不可以不严也。"各族群、阶级背后，同一根源"贞夫一者也"的那个普遍人性，正是船山所不欲人重视的。

也就是说，船山不重视"性相近"，较强调"习相远"。此为船山人性论之特色。《读四书大全说》卷八："然孔子固曰'习相远'也。……习于外而生于中，故曰'习与性成'。此后天之性所以有不善，故言气禀不如言后天之得也。"

人性固然是善的，但船山特别指出还有个"后天之性"的问题，后天之性是人与物相交时，习于外而生于中的。此种习便有善与不善。他说夷狄小人与华夏君子习相远，以致其性亦渐不同者，正以此故。因此他的讲法特别强调"熏染"，强调"位"。君子小人、夷夏，均因所居之位不同，致有善恶之分。

七、考船山之误

船山于《续春秋左氏传博议》卷下"士文伯论日食"条中曾讲过极有道理的话："有即事以穷理，无立理以限事。"论史者，宜奉此为圭臬。

然而船山论史，横梗此族类尊卑之见，所言实即不免于立理以限事，往往既不能得其平，亦不能见其实。

以所谓兵农合一云云为例。船山说三代兵农合一，寓兵于农，即民即兵，三代以后农不可兵，以兵农分合为古今异制之一大指标。这样区分，形式上看非常斩截，实则弄混了许多问题。

春秋之前，贵族本身即为一武装集团，军队即其族人，农民百姓并无成为军人之资格。农民耕田纳税，战争发生时，被征调去服力役或出牛出车，称为"赋"。若在军中随行服役，也只是苦力，还没有编入军队成为军士的权利。封建逐渐瓦解后，平民乃能入军，且以军功逐渐取得爵禄，成为新的贵族，而这即是战国时期的特点。故云三代兵农合一，寓兵于农，即民即兵，殊非事实。

秦汉以后情况也很复杂。西汉的制度是所有公民均须服兵役。至汉末大乱，农民无以自存，仅能依附于强宗豪右，成为其"部曲"，事实上便是他们的私人武力。此时，实乃有军队而无农民，军队则靠屯田自耕以存活。三国以后兵民又分途，兵民异籍。北齐改而从西汉之制。至西魏再改为府兵制，分民力为九等，六等以上，凡有三丁者择一人为兵，有事出征，无事岁役一月。因此，府兵并非兵农合一，也不是全农皆兵，只是在农民中选一部分，训练之作为兵卒而已，跟西汉全农皆兵制亦不同。

船山弄不清其中的变化及差异，以为秦汉以后都是兵农分开的，只有府兵是兵农合一，遂拿着府兵制大加挞伐曰，"府兵者，犹之乎无兵也，而特劳天下之农民于番上之中"，"劳其农而兵之，散其兵而农之，则国愈无兵、民愈困、乱将愈起"，认为"十六卫之兵，必召募挑选，归营训练，而不可散之田亩"，不知府兵也是挑选来且经训练的。故他虽讲理势，但实际上是立理以限事，并未能通古今之变。

此为船山论史之大病痛所在。可惜百余年来，船山学大盛，而于此病痛实罕闻见，故不知船山，亦不知史。

今举船山之说而驱正之，则不单为了说明船山学之真相，更想借此探讨一个问题。什么问题呢？

儒家之学，本来非常注意历史性。五经之中，《尚书》《春秋》两部，一向被认为是史纂与史著之祖。据说孔子之所以修《春秋》，是因为他觉得"托诸空言"，不如"见诸行事"。讲一套价值观、道德理论，不如从具体事例中去做分析，可以让人更加明白。这就是"即事穷理"的路子。

我们看孔子与学生间的对答，也可以感受到这个倾向。像他论仁、论孝，都不是理论性地讲一套有关仁或孝的理论，而是由具体的时间、地点、人物、事例中去提拨点醒，即事而言理，有时也引古事古语为说。

因此，这种历史性可说是弥漫在他整个言说方式中的。汉人特重《春秋》，甚至以《春秋》断狱，正是要将孔子即事言理之理，再落实回返到具体的现实事例上去。

但汉末魏晋以后，经史渐分，史部独立。经论其常道，史核其事变，遂致两者愈趋分疆异路、互不相蒙。唐宋以降，理学家更有以读史为"玩物丧志"之说，史学乃越来越远隔于儒学正宗之外。理学家论理，也改变了从前即事穷理的方式，喜欢就理谈理，风格明显不同于孔孟。理论性越来越强，历史性越来越晦。所谈也以天、道、性、心、理、仁等永恒者、普遍者为多，尧舜事业，渐如浮云一点过太空，历史性是极淡极淡的。

当然，儒者论史的传统，宋明理学家也未完全放弃，因此我们仍能看到胡安国的史论，看到朱熹的《资治通鉴纲目》等。但这些史论与从前儒者的做法，乃至史家传承于儒家传统者最大的不同，就是：从前是"即事穷理"式的，现在则是要"以理断事"。

朱熹之所以要在《资治通鉴》之外，再作《资治通鉴纲目》，两者的分别，岂不正显示这样的差异吗？

司马光的做法，是在对历史的叙述中，就史事穷其治乱之故，而以"臣光言"的方式来讲这个他领会到的理，举示人主，希望能借以资治。朱熹则是立理之纲领，使人于史事纷纭之中知所褒贬、有所鉴择，此即所谓立理以衡事者也。前者是重历史性的，后者则重在说明理之昭昭不昧、终古不贰。

后人评议理学家这些史论，常认为他们似乎悬理太高、论事太苛，以"《春秋》责备贤者"为说，而实际上很少考虑到在具体历史情境中许多人与事的曲折幽微之处，对实际政经社会的制度条件也不太理会，以致时有"以理杀人"之病。

船山论史，对于理学家们这种立理以限事的作风，深有体会，也不以为然。所以他才会特别谈到论史"有即事以穷理，无立理以限事"。他的史论，在宋明理学家所著相关论作中，评价最高，实非无故。

但即使如此，船山亦仍不免有丧失历史性的危机，仍不免立理以限事。通考其说、灼见其谬以后，终不免令人掩卷长叹。而船山所胶执之理者，非他，即儒家之所谓礼也。礼以别尊卑、分等差、区上下，这是谁都知道的。船山也觉得这是绝不能退让的大义之所在，所以才会如此坚持。

但礼所显示的，其实不是僵化的秩序，而是动态的关系。例如君臣，君若不像个君，臣就不应再居臣位。故君臣义绝，或臣子退职辞官而去，不愿再任其臣，或贵戚之卿反复说其君而不听则易其位，或干脆吊民伐罪，诛此独夫，都是儒家所赞成，甚至正面主张的。父子关系属于天伦，固然不能说父不父则杀之易之，但小杖则受，大杖则走，其礼仍是相对的。夷夏关系，亦复如此。夷狄若知礼义，自当敬之重之，岂能立一先验的礼义标准，责人以必受，或先验地判定某类人知礼，某类人不知礼？

可惜船山于此殊少圆通。其视礼秩上下之分，殆与其论男女阴阳相似，把阴阳礼分都说死了，以致阴阳暌隔，上下否通，夷夏别而君民分。妄谓如此才合乎天理天秩，其实哪里是这样的呢？

船山当明末大乱之际，以"六经责我开生面"自许，其志甚伟，而亦确能有以树立，不愧学者。然儒家之书岂易读哉？读而不善，如船山者，求能为六经再开生面，反而添了多少霾翳！余不敏，偶征斯例，以为世之论儒学者戒！

大丈夫第一关心事，受恩深处报恩时

中国人有一种特殊而浓厚的"恩"思想。

恩，指别人给我们的恩惠。人活在世界上，其实自己的能力只是很小甚或微不足道的，全靠别人帮忙。但别人本来没义务帮我们，所以一切帮助都是恩情。

帮我们最多的，当然是身边的人，父母、兄弟、夫妻、亲戚、师长、朋友。一圈圈扩大到陌生人、社会、国家，我们都有受惠于他们之处。佛教《大乘本生心地观经》说，佛告五百长者："我今为汝分别演说，世出世间有恩之处……一、父母恩；二、众生恩；三、国王恩；四、三宝恩。如是四恩，一切众生平等荷负。"讲的也是这个意思。

对于这些恩，我们都要懂得报答。

可是世情难料，人与人之间也常不能永保恩情坚固。一旦夫妻道绝、朋友反目，总会令人黯然神伤。汉班婕妤《怨歌行》：“弃捐箧笥中，恩情中道绝。”唐崔十娘《手中扇赠文成》：“希君掌中握，勿使恩情歇。”唐戴叔伦《去妇怨》：“出户不敢啼，风悲日凄凄。心知恩义绝，谁忍分明别。”元马致远《任风子》第三折：“便当休离，咱两个恩断义绝；花残月缺，再谁恋锦帐罗帏！”以上种种，讲的都是这种无奈与痛苦

由此而幡然成仇的也不少。都觉得自己吃亏了，所以要报仇雪恨、愤然开撕。于是，本该报恩的，现在却报起仇来，厮杀惨烈。

眼前就有些现成的例子。有的是明明就靠着别人的力量出头，却强力声明一切靠自己；有的是夫妻合作创业，结果夺位争产大战，令人如看狗血剧，唏嘘不已。

一、“报”的哲学

但报恩与报仇都是大题目，在此只能讲些重点。整个“报思想”是极庞大复杂的体系。早在 1957 年，杨联陞先生就写过《报——中国社会关系的一个基础》，1976 年在台湾译成中文。1985 年他在香港中文大学担任钱宾四先生学术文化讲座主讲时又重拈此题，说了“原报”。这期间，人类学、社会学界相关的研究也一直不断。因此，“报”这种思想作为中国人的社会基础之一，在学术界可说早有共识了。

现在，我更要在这些基础上进一步讨论其思想内涵。

"报"的范围与性质很广，报恩、报仇、报酬、报答、报应、报复、报效等都是。但综合起来看，我把它分三个层次：

一是纵贯的，人有其根源性，面对天地、祖先、父母，要"报本"。《礼记·郊特牲》说，"唯社，丘乘共粢盛：所以报本反始也"，就是这个意思。

二是平面的，人与他人、与社会的关系。这关系有对我好的，皆称为恩，我须知恩、感恩、报恩、报效；有对我不好的，小的称为怨，大的称为仇，我也须报怨或报仇。

古人所谓报国恩者，讲的即是这种关系。《周书·颜之仪传》中有"公等备受朝恩，当思尽忠报国"。《宋史·岳飞传》中，"初命何铸鞫之，飞裂裳以背示铸，有'尽忠报国'四大字，深入肤理"，更是大家都知道的故事。

第三个层面，指个人自己行为的伦理责任。例如报应思想，善有善报，恶有恶报，谈的就不是社会关系，而是自己的伦理责任，是人与自我的问题。

当然，前两个层次如果处理不善，例如不敬天孝祖、对人恩将仇报，我同样会有伦理责任问题，也会遭到报应。

过去的研究，例如杨联陞、文崇一、金耀基诸先生，多是从社会关系、交换理论、相互报酬这些角度看"报"的问题。所以会较忽略这个层面，没注意到其中更主要的其实是人对自己的伦理责任。

因为第一个层面和第二个层面的报恩问题，同样会落实到自己身上。每个人自己都要面对报不报恩，如何报的问题；若不报，或竟恩将仇报，报错了，会有什么伦理后果等问题。

而且人对天地的感恩，只是一种心意，谈不上跟天地交换什么。若不感恩，是不是真的就有什么报应，也难以考证。故说到底，报，终究是良心上的事，是道德情感的自我担负。有恩不报或有仇未报，自己心里就过不去。所以这是自律道德的一部分。

古代许多讲因果报应的书、相关戏曲小说，乃至彭希涑辑《二十二史感应录》一类善书，常用鬼神祸福来劝诫人们要知恩、感恩、报恩。好像报恩是一种外在的道德规律，由鬼神来护持、掌管这种规条，类似法律那样，属于"他律道德"。其实不然！

另外，佛教界宣传因果报应最为积极，出版流通了无数善书，所以也常让人以为这是佛教的观念。其实因果是因果，报应是报应。

因果是佛教的世界观，一切法皆因缘所生，故有果必有因，有因也必生果。可是佛教认为这正是万法皆空、人生是苦的原因。所以修行的目的，就是要看破因缘法，跳出因果，断出轮回，直入涅槃境地。

报应则是我国本有的观念，早在周朝以前就有了。

夏朝，目前出土的资料虽然有限，但古人曾强调夏朝的文化特征是"尚鬼"，尚鬼必重祭祀。后来的殷商，仍然非常重视祭祀。而祭祀的基本理论，在中国，就叫作"崇功报本"，也就是报恩。

对天地祖先要讲报，自己的行为也要重视报的问题。《易经》中就讲："积善之家，必有余庆，积不善之家，必有余殃。"你做什么，必然回报你什么，故善有善报，恶有恶报。这叫作报应。你想这么收获，得先这么栽。

后来佛教传进来了，我们就用报应去理解因果，说"万法皆空，因果不空"，人必须遵守因果报应的道理。这与佛教原来的思想，简直南辕北辙，所以报恩思想是后来佛教中国化的一大标志。

二、"报"的伦理

"报"是人的基本伦理。若对天地、父母不感恩，不报恩，传统上会批评这个人"不是人"。

不必引经据典，你看杀人魔王张献忠的《七杀碑》说什么就知道了。他说："天生万物以养人，人无一德以报天，杀杀杀杀杀杀杀！"[1] 不知报恩，是人该杀的理由。

这是对天地、父母的天伦关系。人与人之间的伦理关

---

[1] 关于《七杀碑》历来有争议。根据现存张献忠圣谕碑，文曰："天有万物与人，人无一物与天。鬼神明明，自思自量。"——编者

系也是如此。《礼记·曲礼上》说过："太上贵德，其次务施报。礼尚往来。往而不来，非礼也；来而不往，亦非礼也。"所以，报乃是礼的基础，人们相互往来，都须遵循这个原则。

但这不是私德问题，因为报恩同时也是国家政治的基础。汉代刘向《说苑·复恩》就说过："君臣相与，以市道接。君悬禄以待之，臣竭力以报之；逮臣有不测之功，则主加以重赏。如主有超异之恩，则臣必死以复之。……夫臣不复君之恩，而苟营其私门，祸之原也；君不能报臣之功，而惮行赏者，亦乱之基也。夫祸乱之源基，由不报恩生矣。"

关于这一点，历来西方人有个误解，如塔尔科特·帕森斯（Talcott Parsons）说，人最高的道德责任，在理论上或实际上，绝大部分是"非个人地"应用于所有人身上，或者大部分其范围均无关乎任何特定的个人关系。……在这方面，清教徒的道德，代表的是将基督教普遍倾向强化的结果。它对于社会上的偏袒徇私具有极强的敌意。在这方面，儒家道德与之正相反，儒家道德认可的是一个人对另一特殊个人的"个别"关系——并且特别强调"仅只"这种关系。在儒家道德系统认可与接受下的整个中国社会结构，主要的是一种"分殊主义"的关系结构。（帕森斯《社会行动的结构》）

报恩与报仇，都曾被解释为个人间的关系，只处理私人问题的道德要求。其实当然不是！这个原则是普遍的，不仅用在每一个人与人的关系之间，甚至也用在人与整个国家、社会、天地、鬼神之间。

同时，中国人还认为动物也会知恩报恩。刘向《说苑·复恩》就说："夫禽兽昆虫，犹知比假而相有报也，况于士君子之欲兴名利于天下者乎？"所以后世动物报恩的故事极多。

日本也受此影响，有《动物报恩谭》讲白鹤报恩之类故事。吉卜力工作室 2002 年推出的一部动画电影《猫的报恩》，改编自漫画家柊葵的漫画。2002 年还获得第六回文部省文化厅媒体艺术祭动画部门优秀奖。

三、"报"的原则

报恩的重要性如此。可是如何报，也就是具体用在个人关系、个别情境中，却有些不同的应对方式，颇费拿捏。

《论语·宪问》记载，或曰："以德报怨，何如？"子曰："何以报德？以直报怨，以德报德。"以德报怨，出于《老子》，也可能老子沿用了古语，代表古代就有此观念，而老子也赞同。

后世佛家、道家大抵都延续了"以德报怨"的立场，常劝人"受人滴水之恩，便当涌泉以报"；反之，若有仇怨，他们主张最好不要报，要练习在心上下功夫，努力地化解掉。《太上感应篇》："施恩不求报。与人不追悔。"台湾佛光山教团在各地建滴水坊等，都是如此。

儒家则认为以德报怨是较难的标准，说起来当然境界高，但不容易实行；而且若以德报怨了，那么又将如何报德呢？所以自孔子以来都主张以直报恩、以直报怨即可。

侠客，在报恩方面同于佛教、道教，主张多报答人家一些；可是在报怨、报仇方面却又跟儒家一样，反对以德报怨，认为应该有怨报怨、有仇报仇。所以立场最特殊。

四、与基督教的异同

不过，这些立场再怎么有差别，也与基督教有根本之异。基督教传入我国后，也发展出一个重要的汉语词语：恩典。

这个词语看起来跟报恩思想类似：神对我们有恩，所以我们也要感恩图报，侍奉上帝。可实际不是这样的！

恩典是指"神不计算代价的宠爱"。神的宠爱本是我们不配得的，我们白白得到救恩。这个词主要出现在《新约全书》中，是向不配得到神之宠爱的人表达爱。神若把爱给犯罪的、不洁净的、悖逆的罪人，那就是恩典。因为爱与自己同等的人是热情，纡尊降贵的爱才是恩典。

恩典也不能与功德混淆。如果一个人能靠行善得救，那就不需要神的救恩了。同理，恩典亦不能与律法混淆。人不是靠遵行律法得救，而是靠恩典。

这个理论的基础是人有罪，违背神的神圣律法，因此原本只配得神的审判，受到神的诅咒。如果人要得救，必须只靠神的恩典。我们没有一个人配得救恩，然而由于基督承担了神对罪的愤怒与审判，所以靠着基督，神赦免了那些信靠耶稣基督的人。

此外，恩典有时也指天主赋给某人的圣灵恩赐或特殊能力。这恩宠或能力超越人自己之本性，是暂时的和过渡性的。

神恩有许多种，例如教师的神恩（赐给宗徒、传教士、圣使、宣道者和先知的）、服务的神恩（赐给治理者、辅导者、行政人员和服务人员的）、行异能的神恩（行奇迹、驱逐魔鬼、洞悉心灵和说各种语言等）。

这个思想发展出了一个节日：感恩节。

它还常跟仪式结合。一些基督教团体，举行仪式时会发现神恩现象，作为活的见证。例如信徒参与祈祷，自觉获得治疗，从魔鬼的摆布中解脱出来，讲先知的话，赞美天主，沐浴在浩荡的神恩里。天主教的神恩复兴团体近年也在欧洲、非洲、亚洲、拉丁美洲等地纷纷出现。

基督教的恩典说十分复杂，但只这样简略对比，也已可看出它和我国报恩思想的差异是极大的，脉络迥异。

五、"报"的词汇

我国有许多跟报恩思想相关的词语。

例如恩义。《三国演义》第五十回："云长是个义重如山之人，想起当日曹操许多恩义，与后来五关斩将之事，如何不动心？"

恩爱。《韩非子·六反》："明主知之，故不养恩爱之心，而增威严之势。"后世则主要用在夫妻或情侣感情上。

恩情，即深厚的情义；恩惠。明冯梦龙《喻世明言》第一卷："两下里怨离惜别，分外恩情，一言难尽。"

恩惠。杜甫《宿凿石浦》诗："穷途多俊异，乱世少恩惠。"

感恩。唐陈润《阙题》诗："丈夫不感恩，感恩宁有泪。心头感恩血，一滴染天地。"中国闽南地区与越南谚语，把感谢称为感恩。

报答。元稹《遣悲怀三首》其三："唯将终夜长开眼，报答平生未展眉。"

恩公。此为对施恩于己者的敬称。《三侠五义》第一百零四回："我等因恩公竟奔逆水泉而来，甚不放心，故此悄悄跟随，谁知三位特为此事到此。"

恩主。本来指对人有恩德的领主、财主、业主、地主、施主等，如福建省金门县就称牧马侯陈渊为陈恩主。民间扶乩信仰则有"五恩主"之说，指关圣帝君、纯阳祖师、司命真君、豁落灵官、岳武穆王。在台湾地区与东南亚一带，这种恩主公信仰极盛。我在甘肃庆阳环县东老爷山调查时，也发现该处有活力旺盛的恩主公信仰，并入道教正一派与真武信仰之中。

六、"报"的实践

感恩报恩的思想，不是抽象的理论、空洞的概念、僵化的教条，而是生活的智慧、实践的伦理。

因此对它的理解，除了靠纯粹理性之外，还得有实践理性，也就是要在具体的人物、事件、情境中去理解。古人很少关于知恩、报恩、推恩方面的论文，而热衷于用戏曲、小说来阐扬这套思想，就是这个缘故。

最早也最重要的戏，是《目连救母》。从南北朝开始，佛教徒就讲说这个故事，唐朝发展出变文，大为流行，后遂成为目连戏。

它是目前可考的第一个剧目，被誉为中国"戏祖"，最早见于南宋孟元老所撰《东京梦华录》。据说北宋时已经极为流行："构肆乐人，自过七夕，便般《目连救母》杂剧，直至十五日止，观者增倍。"明万历年间，郑之珍在杂剧、变文及传说的基础上写出《目连救母劝善戏文》，愈发风靡全国。清代，乾隆年间内廷编演的《劝善金科》，全剧更达到不可思议的两百四十出。目连戏遍及朝野，甚至远传东南亚。

目连戏是极复杂的"文艺现象"，包含多种艺术。它是中国最古老、流传最广的戏。在思想内容方面融合儒、释、道。演出时，有脚色行当、唱念做打，包含各种杂技、歌舞、百戏；又吸收了各地民歌、小调、徽腔、道士音乐等；穿插了不少杂耍，如度索、翻桌、蹬坛、跳索、跳圈、窜火等。其中还有许多可以独立的民间故事折子戏，如《下山》《哑子背疯婆》《王婆骂鸡》《赵花打老子》等。

正目连演刘氏不仁不义，杀狗开荤，死后被打入地狱。目连为救母亲，不畏艰辛，得观世音帮助，历尽艰险，赴西天取得真经，修成正果。如来佛祖赐其法杖，破开地狱，从血湖中救出母亲，同返天堂。此外还有花目连。花目连则分《倒精忠》和《顺精忠》两部，演岳飞抗金、秦桧东窗密谋、风波亭屈死岳飞、疯僧怒打秦桧等。因此这戏可谓包罗万象。

元杂剧中报恩主题的戏也极多，如无名氏《孟德曜举案齐眉》，讲富家千金孟光不顾贫富悬殊，嫁给穷书生梁鸿，突出夫妻间的恩义。无名氏《争报恩三虎下山》，写梁山泊关胜、徐宁、花荣三人下山搭救义姐李千娇。李寿卿《说专诸伍员吹箫》，说伍子胥吹箫乞食，遇到孝子壮士专诸相助。无名氏《朱太守风雪渔樵记》，说穷书生朱买臣入赘刘家事。

小说中报恩主题类也极多，例如唐人传奇《柳毅传》中，小龙女报答柳毅传书的解救之恩而嫁给他。《任氏传》中，狐仙任氏感恩郑六痴情而与他在一起。《李章武传》中，人妻王氏报答李章武的痴情，死了还与他人鬼相会。《李娃传》中，李娃被老鸨欺压并被迫遗弃郑元和，后来解救他并督促他取得功名，终成眷属等。明人《警世通言》中《老门生三世报恩》《桂员外途穷忏悔》《吕大郎还金完骨肉》《俞伯牙摔琴谢知音》《乐小舍拼生觅偶》《李谪仙醉草吓蛮书》《赵太祖千里送京娘》，《喻世明言》中的《穷马周遭际卖馇媪》等也都与报恩有关。

七、"报"的文学

这样的名单，其实还可不断开列下去，但大体情况已不难概见了。

但为什么要这样开列名单呢？

现今，大多数研究中国哲学的专家，都是西方哲学的路数，以逻辑思辨、概念解析、理论系统之建构为高，因此几乎没有人研究过这些小说、戏曲所呈现的报恩思想。我也没看过目前坊间任何一部《中国哲学史》《中国思想史》曾讨论我国这么重要的思想。

而文学界，谈起文学作品，以西方浪漫主义标准衡之者，重视作者抒情的作品；以写实主义或社会主义标准论事者，又强调揭露、反映与批判。他们都共同反对传统戏曲、小说的"教忠教孝"功能，讥笑那是封建礼教的表现。因而我也没见过哪本《中国文学史》讨论报恩类型的文学。

可是，他们忘了，这些小说、戏曲呈现的，正是具体的、非抽象概念的道德实践情境。伦理的抉择，只有在这类情境中才能逼显，才能说明道德实践的困难以及人生意义如何呈现在其中。

传统社会之伦理教化，社会中人共同持有的道德观与价值观，其实凭借的，正是这类具体的故事、情节，而非空洞的理论或教条。所以它才能深入骨髓，进入到一般民众的心灵里去。报恩主题的小说、戏曲这么多，即充分证明了这一点。

而这样的故事和主题，在今天，在世界上，其实也没丧失其吸引力。让我举个例子。

南戏即有《赵氏孤儿记》，元杂剧中另有一出《赵氏孤儿》，全名《冤报冤赵氏孤儿》，又名《赵氏孤儿大报仇》。后来还被改编为京剧、潮剧、秦腔、豫剧、越剧、晋剧等，亦曾改编为话剧、小说、电影。明代传奇《八义记》和清代地方戏《八义图》等，内容也与它大同小异。可见其生命力是很旺盛的。

王国维曾评价元杂剧《赵氏孤儿》说："即列于世界大悲剧之中，亦无愧也。"

确实，它也是中国最早传至欧洲的戏曲作品。翻译者是法国人马若瑟（1666—1736），他虽然省略了剧中的唱词，但故事情节基本不变。

后来法国神父杜赫德（1674—1743）又将该剧收入自己的《中华帝国全志》，于1735年发表。接着，《赵氏孤儿》

还有两个版本：一是 1736 年理查德·布鲁克斯本；二是 1738 年到 1741 年格林本和格瑟利本。两者都依据马若瑟本改编，并由此引起了欧洲的"中国风"。在 1741 年到 1759 年之间，该剧还出现了法语、英语和意大利语等改编版。

最重要的是法国启蒙思想家伏尔泰 1753 年据此创作的《中国孤儿》(*L'Orphelin de la Chine: la morale de Confucius en cinq actes*)。他把发生在春秋时的故事移到元朝初年，描述成吉思汗灭宋之后，入京搜寻宋朝皇帝遗孤，以斩草除根。前朝遗臣张惕为救孤，欲用自己孩子顶替，张惕之妻伊达梅不忍亲子去死，便向成吉思汗求情。伊达梅是成吉思汗年轻时的情人。成吉思汗对其旧情复燃，以娶伊达梅为条件答应赦免她的孩子，但伊达梅对自己的丈夫忠贞不渝。最后，成吉思汗被张惕的忠义行为感动，收了宋朝遗孤和张惕之子为义子，并请张惕留在朝廷做官。所以，中华文明感化了蒙古游牧民族。

这个本子在欧洲甚为轰动，但是又被认为偏离了原来"孤儿"的主题。英国剧作家亚瑟·墨菲乃在伏尔泰的基础上改编：二十年前，成吉思汗进入汉地，对前朝的皇亲国戚进行了大屠杀，仅剩下一个孤儿，被遗臣尚德收为养子，其名字也被改成爱顿。尚德的亲生儿子则被送给高丽的一名隐士，起名叫哈默特。二十年之后，哈默特在反抗成吉思汗的战争中被俘。成吉思汗怀疑哈默特为前朝遗孤，对尚德严加审问。尚德为了保护爱顿，忍痛割爱，牺牲了自己的亲生儿子。尚德遭到酷刑，其妻自杀，真正的遗孤爱顿为报家仇国恨，在格斗中杀死了成吉思汗。

德国著名的诗人和剧作家歌德（1749—1832）则又将《赵氏孤儿》原本的后半部改编成剧本《埃尔佩诺》，于1806年出版。

歌德曾在1827年与他的秘书艾克曼的谈话录中明确指出，中国作品中的人物，其思想、行为和感觉，与他们几乎一样。他还认为，正由于这种道德礼俗的调节，才使中国能保持几千年的历史，同时还能继续维持下去。换言之，他认为该剧表现了文明的普遍价值。

此外，意大利歌剧剧本作家梅塔斯塔齐奥（1698—1782）也改编《赵氏孤儿》，命名为《中国英雄》，1752年出版。该剧本全部用诗体写成，文辞优美，结构严谨，文学价值较高。

《赵氏孤儿》在欧洲的接受史大抵如此。就其接受状况而言，报恩主题虽然极具中国性，但显然也极能触动欧洲人的灵魂。现代人写的任何一部小说或剧本，都比不上这个传统的报恩故事呢！

所以，我们应该继续讲演这样的故事，无论是在现实生活里，还是在文学中！

何为儒侠？

儒侠合一的精神，普遍流布于晚清的知识分子心中。

但是在外向的批判时政、鼓吹改革之外，他们的诗文中同时也指向自己的生命，有大量伤春悲秋之词。生命自有一种苍茫之感。

原因之一，是革命者本来就准备去死。故铙吹之曲，变而为《蒿里曲》《平陵东》；优昙之花，源于电光石火。人间、地下，自顾此身，其来何所，其去何往，此中怎么不会生出苍茫之感？

这才使得他们的激情，可以从现实层面，透入了生命存在的本质。现实中国家社会的苦难，可以获得改善，生命中的悲戚却永远无法逃脱，而他们的激情也永远不会减淡。现在，一谈起这些人，大家就从爱国、救亡、启蒙等外向性角度去说，对他们的了解，其实还没入门。

对这些侠客，唯一可以诠释他们生命的，乃是一个"情"字。情之所钟，正在吾辈。他们几乎是唯情论的。

龚定盦的诗，"情多处处有悲欢"，"梦中自怯才情减，醒又缠绵感岁华"，"情苗苦一丝"……深情、多情、钟情，正是这批儒侠们共同的写照。柳亚子《周烈士实丹传》即特别指出："余观烈士生平，盖缠绵悱恻多情人也。"俞锷在《岛南杂诗》里说，"为谁歌哭为谁痴，自有闲愁自不知"；在《读楚伧〈菩萨蛮〉词率题两绝呈一厂、亚子并调楚伧》中说，"南国吟残红豆句，使君何事也情痴"……

痴怨愁绝，总为情多。这种情，不单指男女爱悦，而是李商隐所谓"深知身在情长在，怅望江头江水声"的情，缠绵不可解于心。

所以他们多喜欢李商隐的诗，几乎人人都大作落花、无题、有感、重有感。李商隐的一些词语，更是被他们反复撷拾套用。光就《南社俞剑华先生遗集》来检查，他就作过一百多首无题诗。

另外还有陈蜕的《断肠》，云"断肠情事断肠诗，比似春蚕宛转丝"，大似李商隐春蚕丝尽的口吻。又《原病》说"情愁积久都成病，病去情愁又别生"。对此缠绵多情的痛苦，他们未尝不晓得，但唯情论者就是要继续沉溺于这种情愁的折磨与煎熬之中，春蚕自缚，明烛自烧，总不能解脱。

也有人想解脱，例如苏曼殊是僧人，可是僧也不能解脱。陈蜕又自号蜕僧，有诗《悟情》云"此乡谁与号温柔，一到情深便是愁";《最愁》云"佛说色空真浅义,最愁空处着相思"。他们的情愁,非着于色相之中,亦非必有一对象,而根本就是他们生命的本身。所以是身在情在,常于空虚着其相思,在本质上就是无法超脱的。

因此,侠士不是"其情如山心如铁",而是柔情款款,惯为伤春悲秋之词的多情种子。方荣杲《题红薇感旧记为君剑作》称之为:"居士生来本逸才,才多更复种情胎。"

然而,情胎情种,徒感流年于风雨,伤零落于芳华,固可在空处着其相思。但在人世现实存在的处境上,情不可能没有着落。所以从心境上看,多情可以是缠绵于生命之中的内在最幽深隐微的心绪;可是情的表现,却一定得具体显于某些对象上面。

这些情的表现对象,最重要的,乃是朋友和女子。柳亚子《寄心琐语·序》说,五伦之中,君臣一伦应该取消,其余四伦,"彼父子兄弟关于天性者靡论矣,若朋友夫妇之间,盖有难言者。夫朋友以义合,义乖则交绝。夫妇以爱合,爱疏而耦怨。苟非至情至性,孰能恒久不易"。父子兄弟是性,朋友夫妇才是情的遇合,所以他们要笃于朋友之情义,深于夫妇男女之情爱。

笃于友朋之义,是古来侠士的老传统。深于男女夫妇之爱则是新的内容。

侠士原无夫妇之爱,更严男女之防。唐人小说《崔慎思》描写女侠径别其夫远遁,说"今既克矣(已报了仇),

不可久留，请从此辞"，然后便走了。其夫大悲，她又转回，说是要喂孩子吃奶，喂完后真的走了。其夫再仔细一看，原来她已把自己孩子杀死。这样的故事，显示了侠的残酷无情，正如聂隐娘的尼姑师父所教的，侠必须"先断其所爱"，必须无情。明代小说《程元玉店肆代偿钱　十一娘云岗纵谭侠》甚至描述程元玉的尼姑师父除了告诫她"切勿饮酒及淫色"之外，还假扮一美貌男子来调戏她，进而逼奸，用来试探她是否真能不动情。女侠如此，男侠亦然。

《赵太祖千里送京娘》讲赵匡胤千里迢迢把京娘送回家乡，描述京娘在一路上如何欲要自荐，着力挑逗赵匡胤，而赵却丝毫不动心。直到将至京娘家乡，京娘欲嫁他，他还义正词严地大骂："俺是个坐怀不乱的柳下惠，你岂可学纵欲败礼的吴孟子！休得狂言，惹人笑话。"最终弄得京娘悬梁自尽。赵匡胤惭咎吗？不，这才显得出他大英雄不贪女色的本分哩！

《水浒传》对女人的态度，众所周知。宋江说得好："但凡好汉，犯了'溜骨髓'三个字的，好生惹人耻笑。"

可是到了晚清，这无情禁欲的侠士形象改变了。儒侠的恻隐之情，其中蕴含着对生命的矜惜。生命是脆弱而美丽的，就像女子。而女子那种幽微细致的心灵、纤巧敏锐的感觉，又刚好可以贴合儒侠们内在深刻隐曲的心境。女子不待学习，与生俱来的多愁善感，也正是儒侠深情痴情的同类，所以面对女子，儒侠们大有知己之感。

他们欣赏女人，赞美女人，进而崇拜女人，歌颂女人。"天涯别有伤心泪，不哭英雄哭美人"，确属实情。他们集中写女子的诗，向来不少。方荣杲说，女侠玉娇"能将慧眼看才子，慷慨悲歌慰寂寥"，也是他们共同的盼望。高旭《自题〈花前说剑图〉》说："图中人分别怀抱，花魂剑魄时相从。要离死去侠风歇，一杯酒洒冢中骨。青衫红粉两无聊，指掌高谭古荆聂。东风浩荡催花开，红颜从古解怜才。誓洗清谈名士习，顿生迟暮美人哀。美人应比花长好，万紫千红天不老。一室犹秋孤剑鸣，四海皆春群花笑。"

英雄与美人，似乎有生命的同一性，所以把侠客"求知己"的传统，转换成了求美人青睐。

这与一般意义的"博取异性欢心"，有极大的不同。故陈蜕僧有诗云"已瘗精魂傍美人，情根休更出埋尘"，瘗精魂于美人之旁，意近于龚定盦的"落红不是无情物，化作春泥更护花"，肉体之欲甚少，也不是借异性之赞赏来肯定自己的英雄气概，反而是压低自己，情愿为美人服务。此亦定盦所谓"甘隶妆台伺眼波"。

但英雄多情，即表现为爱美人，因此这种服务，也并未矮化自己。蔡寅说得不错："斗大黄金成底事，英雄侠骨美人心。"一位标准的儒侠，就应该是英雄肝胆、儿女心肠的。在两个生命个体之间，则英雄与美人，也将因其同质而能互相欣赏。

不仅如此，英雄担当天下之苦难，肩负改革开创的责任，冲撞奔波之余，美人正好提供一个抚慰其心灵、舒缓其疲劳的处所。故龚定盦曰："少年虽亦薄汤武，不薄秦皇与武皇。设想英雄垂暮日，温柔不住住何乡？"奔驰流荡的生命，常在不安与骚动之中，而温柔乡则为其安居之处。

如此一来，美人之思在他们生命中便至为重要。像苏曼殊，虽为衲子，却多艳情。高燮曾说他想重译《茶花女遗事》，并赞许他是"下笔情深不自持"。俞锷又说他在东京与一弹筝人交好，至西班牙又与一女郎有瓜葛，返国则游于烟花丛中。因而俞锷用拜伦来比拟曼殊。

曼殊之欣赏拜伦，众所周知。但他所欣赏于拜伦者，固在其《哀希腊》，足为革命之鼓吹，更在于拜伦与女子的关系。他又喜雪莱诗，说雪莱诗奇诡疏丽，能兼义山长吉，并译其《去燕》诗等。章太炎题其端云："师梨所作诗，于西方最为妍丽，犹此土有义山也。其赠者亦女子，展转移被，为曼殊阇黎所得。或因是悬想提维，与佛弟难陀同辙，于曼殊为祸为福，未可知也。"对他身为和尚却缠绵于美人之间，似不以为然。但是，这其实是很普遍的现象，李叔同在东京也自演《茶花女遗事》，其他南社中人，爱情事迹也不比苏曼殊少。

更重要的，不在于这事迹，而是"婉娈佳人"乃心中之一种情感、一种追求与向往，美人成为人格理想的化身，也成为现实中可悦的对象。

与南社诗学立场相反的同光体作家，对情的执着亦无不同。典型的例子是孙雄《眉韵楼诗话》所引"老来欢念日销磨，便着禅尘亦不多。却向软红作情语，前贤失笑近贤诃。"其缠绵正不让南社诸人也。苏曼殊写情，也往往与黄晦闻相唱和。

他们这种态度，有两个来源：一是知识分子"思美人"的传统；一是龚定盦带来的深刻的影响。

现在人只晓得随着西方人大骂中国古代重男轻女，而不知中国是女性崇拜的国家，士人自古即有"思美人"的传统。《诗经》所谓"云谁之思，西方美人"，《楚辞》既常以美人香草譬喻贤人，也有《思美人》篇。美人既可自喻，亦可喻人，作为向往追求的对象，求之不得，则辗转反侧。

这时，美人不但是可悦的，也是崇高的，所以常以神、圣、仙来譬说，圣洁而不可亵渎，只能仰望崇拜并企图接近之，如《洛神赋》那样的描绘，可说是个典型。所谓"西方有佳人，皎若白日光……飘飘恍惚中，流盼顾我傍"。

对此美人，则应不顾一切地去追求，陶渊明《闲情赋》把这种思美人之情形容得尤其好："愿在衣而为领，承华首之余芳……愿在裳而为带，束窈窕之纤身……愿在发而为泽，刷玄鬓于颓肩……愿在眉而为黛，随瞻视以闲扬……愿在莞而为席，安弱体于三秋……愿在丝而为履，附素足以周旋……"热切投注，为情奉献，不计一切，只求能常伴美人左右。

不过，这个思美人的传统，一方面固然显示了士以美人为可思可慕、可生死以之的对象，一方面却也提示了人应该超越情执的路线。以陶渊明的《闲情赋》来说，情之所钟，诚然缠绵悱恻，但"闲"者，防闲也，门上上了木栓，不是闲。整篇赋的主旨乃是要从情的纠缠中超越出来，其宗趣与张衡的《定情赋》、蔡邕的《静情赋》、陈琳、阮瑀的《止欲赋》、王粲的《闲邪赋》、应玚的《正情赋》、曹植的《静思赋》等一致，都是通过一个超越的观点，直指人生虚幻短暂，以止息这种情执。《闲情赋》最后说："意夫人之在兹，托行云以送怀。行云逝而无语，时奄冉而就过。"人既领悟了时间的飘忽，则知美人尘土，可以"坦万虑以存诚，憩遥情于八遐"矣。

这是由情出发，止于无情的路子。儒家之思无邪、克己复礼、以性制情，都属于这个路数。

清末民初的儒侠们却不然，他们只有上半截。对于情的执着与耽溺，使得他们虽知超越之理，而竟不能超脱，反而一往不回，侠气渐消，柔情愈炽，诚如龚定盦集句诗所说："风云才略已消磨，其奈尊前百感何。撑住东南金粉气，江湖侠骨恐无多。"时间的飘忽感，生命的虚空苍凉，并未令他们超悟，反而逼使他们拥抱美人更为热情，将之视为苍茫人世的唯一慰藉，"温柔不住住何乡"！这就是龚宇盦的影响了。

吴雨僧《余生随笔》曾说定盦诗在晚清甚为风靡，"如梁任公，其三十以前作……固系处处形似。即近年作……皆定盦诗"可惜南天无此花，……不是南天无此花，……男儿解读韩愈诗，女儿好读姜夔词"之句法也。又集定盦句，互相赠答，亦成一时风尚。近经南社一流，用之过多，遂益觉其可厌"。而梁任公自己在《清代学术概论》中就指出："光绪间所谓新学家者，大率人人皆经过崇拜龚氏之一时期。"

他们学龚定盦，好集龚句以相赠答，作诗句法多效定盦，是不错的。翻开清末民初人的集子，随处都可看到这个现象。但龚氏影响当时知识分子最大的，并不在字句方面，而是他那种合儒、侠、佛、艳为一的生命态度。英雄美人之思，侠骨柔情之感，才是令这些儒侠们神销骨醉、低回不已的所在。

近人爱说晚清民初史，但不知其侠情，徒刻画其思理事迹而已，皆皮相见也。又不能知其"思美人"，则更是隔靴搔痒，离题万里。

反对国学的马一浮

现在称赞马一浮的人越来越多，都夸他是"国学大师"。他当然也论国学，可是他究竟是哪一种国学大师呢？

一般学界论民国期间的国学，马一浮其实常是个被遗忘的名字。举例言之，桑兵《晚清民国的国学研究》（上海古籍出版社，2001 年），全书十一章，就没有任何一节讨论马一浮。

此书由"国学研究与西学"开端，谓西学东来，受其鼓荡，乃有国学。然国学貌若与西学相对，实则深受西学影响，有国际汉学的影子，并最终融入西方建构的近代世界体系。故第二章接着谈近代中国学术的地缘与流派，大抵分为粤派、太炎门生、新文化派、北派南派等。第三章谈大学史学课程之设置与学风转变。第四章谈"五四"新文化运动的国际反响。第五章说东方考古学协会。第六章论陈寅恪与清华研究院。第七章续讲陈氏与中国近代史研究。第八章说陈垣与国际汉学界。第九章考厦门大学国学院风波。第十章述胡适与《水经注》一案。第十一章总结——"近代学术转承：从国学到东方学"。

这样的论述，说明了从当代史学界的眼光看，整个国学运动，不过是一场中国学术模仿西学，进而将自身融入西学之过程。

因此，在它初起时，颇以西人之东方学为典范。待逐渐发展到自认为"科学的东方学之正统在中国"（傅斯年《历史语言研究所工作之旨趣》）时，国学运动既已达成使命，"国学"一词也就可以不必再用了。

由这个脉络看国学运动，马一浮自然就不可能被纳入视域中。以此为例，旨不在评桑氏书，而是由此凸显马一浮论国学之特殊。桑兵讲得其实不错，晚清民初论国学者，许多人不仅不反西学，更颇以西学为说。

最早梁启超即云，"使外学之输入者果昌，则其间接之影响，必使吾国学别添活气，吾敢断言也。但今日欲使外学之真精神普及于祖国，则当转输之任者，必邃于国学，然后能收其效"。

接着《国粹学报》诸君也在《国粹学报略例》中说，"本报于泰西学术其有新理精识，足以证明中学者，皆从阐发"。1905 年 8 月 20 日该报第一年第七期还有许守微《论国粹无阻于欧化》一文。

后来新文化运动者更是径以科学方法整理国故，胡适为北大《国学季刊》所作发刊宣言说得十分明白："我们现在治国学，必须要打破闭关孤立的态度，要存比较研究的虚心。第一，方法上，西洋学者研究古学的方法早已影响日本的学术界了，而我们还在冥行索途的时期。我们此时应该虚心采用他们的科学的方法，补救我们没有条理系统的习惯；第二，材料上，欧美日本学术界有无数的成绩可以供我们的参考比较，可以给我们开无数新法门，可以给我们添无数借鉴的镜子。"此后，整个学术界评价一位学者的成就，大抵也即以他是否能融合西学，是否有新方法、新材料为断。

马一浮却是完全相反的例子。

据说他精通西学，但实际上瞧不起西学，论国学更深以比附西学为戒。《尔雅台答问》中《答程泽溥》即曾云："足下既尝师刘宥斋先生，……刘先生之书……好以义理之言，比傅西洋哲学，似未免贤智之过。"

《复性书院讲录》卷三《孝经大义·释至德要道》也批评用科学方法治国学："天台家释经，立五重玄义：一释名，二辨体，三明宗，四论用，五判教相。华严家用十门释经，谓之悬谈：一教起因缘，二藏教所摄，三义理分齐，四教所被机，五教体浅深，六宗趣通局，七部类品会，八传译感通，九总释经题，十别解文义。其方法又较天台为密。儒者说经尚未及此，意当来或可略师其意，不必尽用其法，如此说经条理易得，岂时人所言科学整理所能梦见？"

此语，是承认儒家治经缺乏条理，意见接近胡适。但胡适因而主张取法西方，他却不以为然，认为可采佛家释经之法而通变之。

佛教原本也是外来的，但在他的观念中，儒、道、释乃中土之学，与西方现代学术别为两途，故宁可由佛家处找灵感，也不愿向西方科学方法取经。

这样的态度，还不够明确吗？

《尔雅台答问》另有《答张君》者，曰："来示欲建立大同文化统系，用科学方法研究儒学，附来《我的儒家观》及《大同丛书目录简表》多种，已经浏览。足下之志则大矣，而其所立体系则未免于糅杂也。……今时科学哲学之方法，大致由于经验推想、观察事相而加以分析，虽其浅深广狭所就各有短长，其同为比量而知则一。或因苦思力索如鼷鼠之食郊牛，或则影响揣摩如猿狙之求水月。其较胜者，理论组织饶有思致可观，然力假安排，不由自得，以视中土圣人'始条理''终条理'之事，虽霄壤未足以为喻。……今曰以科学方法研究儒学，将以建设新文化，组成大同文化之新统系，综贯世界一切科学，此在足下之理想则可，若谓遂能建设，立求实现，言未可若是其易也。"

此文批评以科学方法治国学，亦极痛切，直指张氏"为学方法则误于多读今书，少读古书"，并谓今书所论科学哲学方法实远不及儒家方法。

但这里说的儒家之法，跟上文论释经之法非同一件事。

这里说的是做学问的方法，上文讲的是说解经典的方式，性质与层次皆不同。

马一浮所批评的，主要是经验论哲学及与之相关的科学方法论，云其由经验推想、观察事相而予以分析，或建构体系。但因"类族辨物必资于玄悟，穷神知化乃根于圣证"，又"未有以得之于己"，故均不可靠。

这三点，一是说分析看起来客观，实仍本于主观之思力，没有科学方法论者所宣传或相信的普遍客观性。二是说此类方法缺乏"圣言量"之印证。科学方法论者以此自负自喜，但从儒家、佛家的角度看，这恰好就是它具戏论性质之处。故马一浮批评它都是"力假安排"，"或因苦思力索如鼹鼠之食郊牛，或则影响揣摩如猿狙之求水月"。第三点则指这些学问都是外在化的知识与体系，"为人太多而自为太少"，与自己身心性命之安顿无关。

《答王君》又谈到，"《易》之'六位时成'，乃表阴阳、刚柔、消息、盈虚之理，……'杂物撰德'，'非其中爻不备'，中正不但是位，须以德言，不可以时空为说"，"'中无定位'，以今语释之，此乃诠表纯理，不可以数学方法求之"，更皆是具体说明了外在化解释跟内在化解释的不同。

一般说来，西方近代哲学有经验论和理性论之分。前者以培根、洛克、贝克莱、休谟为代表；后者以笛卡儿、斯宾诺莎、莱布尼茨为代表。

前者谓科学知识，尤其是实验科学，皆由经验之分析归纳来，固如马一浮所批评，不仅骛外求索，而且正像理性论者对它的质疑：经验，特别是感官经验，乃是个别的、偶然的，具普遍性、必然性的科学知识岂能建立在这样不可靠的基础上？故其方法与其目的其实是矛盾的。

但理性论把科学知识之基础推源于人的理性，事实上又必须先预设人有先验的、与生俱来的、普遍的理性能力。此说，即类似马一浮所云，"类族辨物必资于玄悟"。但玄悟之思，是否必为普遍的呢？从经验上看，思辨力、理性能力恰好人人不同；先验之理性法则，又须由后天之思智推测而得，则仍是以智求智的"力假安排"，当亦为马一浮所不许。

何况，就是理性论，溯求于人本身的理性能力，也不能就说已经反求诸己，因为理性未必能兼摄德性。欲以理性为基础形成的科学知识，也偏于对世界的解说和利用，并不用在改善人本身的质量。马一浮论《易》而反对以时空、数学去讲卦德、卦位，正由此故。

以上为他对哲学与科学方法之总评，以下针对较具体之学说。

《尔雅台答问》中《答周君》云："作者于声韵甚有研究，但中土文字以形为主，非如西洋文字以声为主，故语根之名不可立也。形声字从某声者，声亦兼义，义在形不在声。如拓从石声，道从首声，须先识石与首之形义，不仅依其声而已。今曰文字之本音谓之语根，是以声为主，六书之形声字当改为声形矣。且所从之声不仅为部首之文，亦多为孳乳之字，必曰语根，亦不专属文也。以声类相通而求其义，本是古法，但声依形立，不可略形义而专主声也。"

他所批评者，应该是章太炎。

太炎先生的小学功夫，重在声音，批评从前治文字学者，如王安石、王船山、王闿运等皆"刻削文字，不求声音，譬暗聋者之视书"。故他自己"作《文始》以明语原；次《小学答问》以见本字；述《新方言》以一萌俗"，谈的也都是古今音损益说、古音娘日二纽归泥说、古双声说、语言缘起说、成均图等。为何如此？章氏说，"凡治小学，非专辨章形体，要于推寻故言，得其经脉"，因此创获所在，独在声韵。

但因声求义，本是清儒小学之特点。章氏这种研治小学的路数，亦是发扬清儒而已，与西学又有何关系？

其实马一浮先生说得不错，章先生的声韵学之所以度越清儒，在于对西方语言学的参照和借取。语根、语基云云，即是显证。

太炎先生《语言缘起说》曰："语言者，不冯虚起。呼马而马，呼牛而牛，此必非恣意妄称也。诸言语皆有根，先征之有形之物，则可睹矣。何以言雀？谓其音即足也。何以言鹊？谓其音错错也……"这是讲语根。

语基，则《转注假借说》解释《说文解字》对转注的释义云："《说文叙》曰：'转注者，建类一首，同意相受，考老是也。'……何谓'建类一首'？类谓声类，……首者，今所谓语基。"

根与基同义，称"今所谓"即表明了是用现代语言学中的术语。清儒并无此术语，也无此观念，故解转注假借皆与章氏不同。

依章先生说，同音之字，其义相同；文字之义，应从考察其声而知。马一浮反对，认为声虽兼义，但不可略形义而专求于声。此说一方面矫正了章先生说法的偏颇，一方面也点出了中国文字学不同于西方语言学的关键。

章先生之后，中国的文字声韵之学迅速地转为现代语言学，以西方学科模型为框廓，20世纪80年代以后才对此展开反省。因此马先生之见，不无孤明先发的意味。

另一涉及对现代学术之批评者为《尔雅台答问》中《答刘君》，曰："足下'唯欲'之说，或远为东原所误，近为西洋社会学家浅见所移。将来学如有进，必翻然悔之，望勿墨守以为独得也。"

胡适在解释戴东原哲学时，曾把戴氏所说的宇宙为气化之流行解释为唯物论（Materialism）；继而又认为戴震人性说包含了"知、情、欲"，突出欲，说这是反对理学家的无欲论，以致刘君进而言唯欲论。马一浮批评刘氏，间接也就批评了胡适。

胡适在《五十年来之世界哲学》中介绍的尼采，正是唯欲论式的。依胡氏说，"尼采说的意志，是求权力的意志。生命乃是一出争权力的大戏；……生命的大法是：各争权力，优胜劣败"，此非唯欲论为何？

马一浮对这些学说及治学方法的批评，表明了他对当时学风依傍、比附、取径于西学的不满，当然也隐含了他对西学的不满。他强调中国学问与彼不同："然书院所讲习者，要在原本经术，发明自性本具之义理，与今之治哲学者未可同日而语。……若以今日治哲学者一般所持客观态度，视此为过去时代之一种哲学思想而研究之，恐未必有深益。"（《答许君》）

因此，做学问，不但应是主体涉入其中，不能客观，更应引归自身。因做学问不是对外在世界的理解与控制，而是对自己的生命负责任。"象山有言：'宇宙内事，即吾性分内事；吾性分内事，即宇宙内事。'此语简要可思。故不明自己性分而徒以观物为能，万变侈陈于前，众惑交蔽于内，以影响揣度之谈而自谓发天地万物之秘，执吝既锢，封蔀益深，未见其有当也。"（《答刘君》）

可见在学术上区分中西，不使糅杂，更不欲以夷变夏，是马一浮国学观迥异时流之处。

依此区分，他也要分判书院和现代大学教育之不同。

马一浮曾应蔡元培之邀担任过教育部秘书长，但供职不足三周便辞去，杜门读书。抗战军起，他随浙大师生流徙于江西，曾为浙大学生讲说国学，又向浙大毕业生赠序、做演讲，还撰写了浙大校歌歌词，应该说其仍是跟现代大学事业有因缘的。所以现在浙大还天天在纪念他。

不过，他在浙大一直自居客卿，故《赠浙江大学毕业诸生序》说，"仆虽于学校为客"，自视为来宾致词。以竺可桢对他的礼敬，他都不肯成为浙大之一员，个中原因，实是因他对现代大学本无认同。因而进入四川以后，他就想法子另起炉灶，自办书院。

马氏办复性书院，倡议本于陈立夫、刘百闵等人。但议办书院，他就欣然就命；要他入大学，却偏要自居客位，此中便大有分别。

马一浮尝明确说道，"外国语文、现代科学之研究自有大学、研究院之属主之，不在书院所治。书院之设，为专明吾国学术本原，使学者得自由研究，养成通儒，以深造自得为归。譬之佛家之有教外别传，应超然立于学制系统之外，不受任何限制"。

后来《复性书院简章》第一条，讲的也就是"不隶属于现行学制系统之内"，可见此义为办书院之第一原则。与执政诸君往复讨论而终得实施，不能不佩服马的坚持，也不能不赞叹当时主政者对学术的奖掖与宽宏。

然则，何以马一浮要如此坚持？坚持在体制外，不受教育部管辖，才能真正拥有独立自由、自主讲学的空间，是十分明显的原因。除此之外，还在于他对整个现代教育体制不满，耻与为伍。

《与张立民》云，"出于捐赠则可，出于请求，名为补助则不可。如郗鉴为支道林买山，梁武帝为陶弘景立馆，遣太学生诣何胤山中受学，在当时极为平常之事，并不足矜异。至舍宅为寺，舍田供僧，蠲其租税及置学田者，历代多有之。今人但知求利，绝未梦见。其有出资兴学者，亦只是俗学。学生入学，只为求出路，以学校比工厂，学生亦自安于工具，以人为器械，举世不知其非"。此即是对现代教育最深刻的批评。

教育不仅隶于学官，受到国家政治力的管束，其经费亦受宰制，形成经济力的管束。政府出钱，学校就成为政府贯彻其政治目标之工具；私人出钱，则学校又成为大老板的工厂。学生入学，则亦无心学问，只从改善将来的政治、经济地位来考虑。这样的学校，当然不办也罢。且此等新学校，出于西方，他视为夷狄之教，要在学校之外另办书院，才能使人"知中国异于夷狄，而不致以夷狄为神圣"。

大学只是西方文明的一部分，然因大学为学术所萃，故反对西方式的现代大学，事实上也就是反对整个西方现代文明。《横渠四句教》详予言之："从前论治，犹知以汉唐为卑，今日论治，乃惟以欧美为极。从前犹以管、商、申、韩为浅陋，今日乃以孟梭里尼、希特勒为豪杰。今亦不暇加以评判，诸生但取六经所陈之治道，与今之政论比而观之，则知砆砥不可以为玉，蝘蜓不可以为龙，其相去何啻霄壤也。"

近代中国之所以要向西方学习，根本原因在于中国弱、外国强。被欺负了，因此痛定思痛，由师夷长技开始，进而效其礼乐政刑，努力将自己改造成一现代国家。然后再进行文化改造、国民性改造。

这是近世文化变迁之大脉络。马一浮则指明这都是一种势力性思维，犹如古代艳说汉唐，或以管、商、申、韩为富国强兵之用。不知现实固不能不顾，人类之生存，还有超乎现实势力之上的公理正义与文化理想值得坚持。

这一批评，当然仍针对当日时局而发，但对西方现代国家之不满，亦显然可见。《蠲戏斋杂著》另一篇《希言》讲得更明晰："方言爱国，而于中国圣智之法视若无物，盛慕欧化，望尘莫及，岂非不爱其亲而爱他人邪？古人言必则古昔，称先王，今则言必则现代，称夷狄，此谓他人父之类也。……有强权而无公理，有阴谋而无正义，国际间只有利害，无复道德可言。"

前半段批评近代以爱国救国为名而反传统，进行文化改造的主流思潮。后半段则讲现代西方这种文化形态根本有问题，不足多慕。

这样的伦理批评，在当时实甚罕见。办书院自甘于体制外的马一浮，显然在举世均"则现代，称夷狄"的潮流中，亦自居于主流以外。

主流学界对他这类想法向来不予理会，或讥其为文化保守主义。

但据今观之，则其说在矫现代化之弊方面，反而确属先知先觉。

例如当年热切的口号："以科学方法整理国故"，现今谁都知道是行不通的。把科学定义为客观普遍的经验观察与理性分析，也浅视了科学方法。科学哲学的发展越来越强调主观、相对、模糊、测不准、不可共量、诠释典范的转移等。

方法学的研究，例如诠释学所言，也较接近马一浮所说的"类族辨物必资于玄悟，穷神知化乃根于圣证"。而知识论之作用与功能，也有由认识外在世界转到用以改善认识自身及心灵状态之趋势。

语言学方面，德里达欲解构西方语言逻各斯中心主义霸权，而覃思文字学。

教育则各式教育改革方案都在走与马先生类似的路：重德育，重古典，不以学校为工厂，不以学生为工具，不以人为器械。

对于现代社会和国家，各式后现代思潮又都指明了它具有帝国主义的殖民性，因而在伦理上对人性颇有扭曲……

凡此种种，在"现代性批判"蔚为时尚的现在，重看马先生上述论说，实在是感慨良深。国学，有新文化运动式的，也有马一浮式的，我人当何所取舍？

垂头丧气的近代思想史

一、晦暗不明的近代思想史

牟宗三在《中国哲学十九讲》中，以沉痛的语气做结，说："我们这个课程只讲到这里，明亡以后，经过乾嘉年间，一直到民国以来的思潮，处处令人丧气，因为中国哲学早已消失了。"劳思光的《新编中国哲学史》，也同样只写到戴震而已。

他们都认为近代思想没什么可谈的，不是诋之为浅薄，便是叹其为消亡。

这样的论断，如果是专就"哲学"来说，认定了乾嘉以后考证的学风以及各种文艺思潮的发展，皆非针对"哲学问题"的讨论，因而略去不述，犹有可说。无奈实情并非如是。例如在劳思光的书中，第三卷（上）第一章论唐末思想之趋势及新儒学之酝酿，便讨论了道教内丹派兴盛的问题。若按此例，清末佛教之复兴、道门善堂之普及，皆为哲学史上的大事，何以竟不齿？可见值不值得讨论，并非一客观的论断，而是这些研究者对近代思潮特具偏见。

这些偏见，亦非某几个人特别的看法，因为这多半是历史条件造成的。

从五四运动以后，反传统、讲新文化、提倡全盘西化的人，固然对中国传统学问嗤之以鼻，毫无理解，也不想去理解，对近代思潮的发展，更不会寄予关切。反省新文化运动的人，则又因看到了"五四"提倡民主与科学的结果，徒然造成了科学主义和"民粹主义"，而愤激哀伤不已。

盖科学与科学方法，超越了它的理性限度，成为普遍且唯一的方法之后，科学就变成了宗教。凡不能经由科学方法检验而获知的，都被认为不是真理。这种科学方法的提倡者深受外国思潮的影响，但却号称那就是乾嘉朴学所使用的方法。因此，反对者便对乾嘉之学深恶痛绝，觉得正是乾嘉这种学风，导致中国传统学问的"堕落"或"扭曲"。如劳思光就说，乾嘉学人"每以精细之训诂开始，而以极幼稚粗陋之理论了解为终结。此是乾嘉学风之根本病痛所在（此类理论之例证，见后章）"。"乾嘉学风本身原是一'以史学代替哲学'之潮流，基本上自属谬误"。"其病在于不能真正了解'哲学问题'"。

不幸的是，乾嘉以降的清朝学风，又是在一非汉族的政权中发展起来的。"五四"新文化运动以后，反省者对西化深感忧虑，希望能发展以中国为本位的文化。这种民族主义的文化悲情，当然也使得他们对异族统治下的学术深怀痛伤。因此，他们认为那种考证之学，若不是异族统治者为了羁勒人心，使人废聪明于无用之地，而故意提倡起来的，就是汉民族的才人志士，在无可奈何的高压统治之下，聊遣有生之涯，用以全身远祸的办法（以民族主义立场解释清代学术发展，是清末民初常见的办法。但抨击乾嘉，却是道咸以后的风气，如方东树、魏源都是。晚清朴学复兴，章太炎为乾嘉之学平反，则谓戴东原等人确实如魏源所谓"锢天下知慧为无用"。因为当时乃是少数民族入主中国，故东原等人"教之汉学，绝其恢谲异谋，使废则中权，出则朝隐"。其后胡适又正面推崇乾嘉考证，誉为科学方法。反对五四运动之文化主张者，遂重新从民族主义等立场来批判汉学）。

而对这样的学术与思潮，除了哀矜与愤懑，还有什么好说的呢？存在感受与人的历史理解，往往是结合为一的。对时代的伤痛与愤激，使得这些论者反科学主义、反异族化、反汉学，不忍言近代学术思想之发展。

但这只是原因之一部分。近代思想史之所以常被人轻视，也有它本身的问题。

因为整个近代思想，跟古代比，就似乎颇为逊色；与西方近代思想比起来，也好像要差了些。

在黄宗羲、顾炎武、王船山之后，我们已不容易再找到能与程朱、陆王或董仲舒、刘向等人相提并论的名字。而18世纪的戴震、章学诚，勉强和卢梭《社会契约论》、亚当·斯密《国富论》、休谟《人性论》、康德的三大批判等相周旋，看起来就有点吃力了。19世纪西方出现一些大师，如黑格尔、马克思、达尔文、斯宾塞、孔德等，我们又能找出什么样的人物来与之对应呢？20世纪以后，胡适、陈独秀、鲁迅等人，能跟海德格尔、胡塞尔、萨特、罗素、弗洛伊德、怀特海等比吗？

这样的比较是极残酷的，而且它印合了我们一般人的印象：中国在明末清初时并不比西方差，可是因为在政治上传统已经衰歇，故文化精神无法开展，乾嘉以后的学术又斫伤了思想上的创造力，保不住中国文化的血脉，致使国力及学术都远远落在西方后面，遭受了史所未有的屈辱。

这种内容不甚高明的思想发展史，有何值得研讨之处？

二、难以掌握的近代思想史

不过，有些时候，人们所能看到的，只是他想看的东西或能看的东西。我们看不出近代思想史有什么值得研究之处，有没有可能止是因为依现有的诠释眼光，无法掌握此一时代之复杂面貌呢？

我们说乾嘉以后的思潮，"处处令人丧气"。可是当年谭嗣同却认为："千年暗室任喧豗，汪魏龚王始是才。"汪中、魏源、龚自珍、王闿运，被谭嗣同认为是超越宋元明的人物。这与我们现在的评价岂非相去甚远？

再看沈曾植的例子。1913年俄国哲学名家卡伊萨林来中国，曾拜见了沈氏，并撰《中国大儒沈子培》一文说，"沈氏实中国之完人，孔子所谓君子儒也"，"蕴藉淹雅，得未曾有……其言动无不协于礼义，待人接物，遇化存神，彼深知中国之情形无论已；即于国外亦洞悉其情伪"。这是外国人的品题。中国学者如王国维也推崇说，"其视经史为独立之学，而益探其奥窔，拓其区宇，不让乾嘉诸先生。至于综览百家，旁及二氏，一以治经史之法治之，则又为自来学者所未及……使后之学术，变而不失其正鹄者，其必由先生之道矣"。

然而，像沈曾植这样的人物，我们论近代思想史时对他又何尝有什么讨论？因此，近代思想史之乏善可陈，会不会是由于我们对这个时代太过无知？会不会是因为我们对它根本无力掌握？

例如杨儒宾便曾质疑：在新儒家如牟宗三的思想体系中，作为儒学传统根源的五经，几乎没有任何独立的地位。而整个乾嘉学术或晚清思潮，却是环绕着经学而展开的。以新儒家的思路，如何叩探这个时期的思想底蕴呢？

这样的困难，并非新儒家才会碰到。事实上，依现今学术分科及一般学者的治学范围、能力看，恐怕都有无法掌握近代思想家与思潮发展之苦。

像常州学派，影响深远，治学规模宏大。龚定盦《常州高才篇，送丁若士履恒》谓此派学者："易家人人本虞氏，毖纬户户知何休。声音文字各窔奥，大抵钟鼎工冥搜。学徒不屑谈贾孔，文体不甚宗韩欧。人人妙擅小乐府，尔雅哀怨声能遒。近今算学乃大盛，泰西客到攻如仇。"说这一派学者人人都通经学，特别是《虞氏易注》《公羊春秋》；对声韵、文字、训诂、金石考古也很擅长；又能作文章。文章不太学唐宋八大家，兼容骈散，下开阳湖派，足与桐城派分庭抗礼。更擅长填词，自张惠言起，即创有常州词派，名家辈出，可与两宋争辉。至于天文历算之学，亦此派学者之所长，绍述发扬古法，不采清初已渐流行的西方历算之学。

这些，在常州学派来说，是每个人都综合地懂得的。但试问：现在的学者，谁有这样的才情气魄，足以兼通经史，小学，金石，诗、文、词及历算等，有此派学问而予以衡论其高下？

我们现在的学术分科，如哲学系，可能可以讨论此派学人论《周易》与《春秋》之看法；历史系，可能可以谈谈此派兴起之原因及其与学术史之关联；文学系，可以研究他们的诗、文、词及理论。但没有一个学系能综合地描述并探究此派，因为根本无此学术规模。

我们至多只能将它拆解来讲。然而，七宝楼台，拆解下来，不成片段。

论常州词派者，述其比兴寄托之义，乃不知其说正与该派之论《周易》《春秋》有关，复不知此与其政论亦有关（如周济，编过《宋四家词选》，然其人善于言兵）。研究该派之公羊学的人，又多半不懂诗文、金石、小学及词。论这样的学派，怎能论得好？每一片段，拆开来看，都觉得没什么了不得。其实正是因为我们根本无法观其全体、得其大要，遂觉大海沧波，转不如一掬之水清莹可喜也。

论一学派如此，论一位思想家亦然。如龚定盦自己，学问就极淹雅。后来程秉钊曾榜其书房曰"龚学斋"，可以想见其一斑。龚定盦是段玉裁的外孙，于声韵、文字、训诂一道，得诸家学，自极淹通。又从阮元、刘逢禄游，论经学亦颇道地。集中如《六经正名答问》五篇、《五经大义终始答问》九篇、《春秋决事比答问》五篇、《大誓答问》二十六篇等，俱见功力，非一般文士者流。

至其史学，不仅有《尊史》篇，又有《古史钩沉论》等；且深于校雠掌故之学，创立《徽州府志氏族表》，又熟于内阁故事及当代典制。他是章学诚之后，史学向清末民初过渡的重要中介。

于诸子学，他则喜欢老子，撰《老子纲目》，反对分上下经、分章；阐扬告子；又标举列子及司马法等。其影响反传统思潮甚大，亦为诸子学复兴之先声。

金石之学，则有《镜苑》一卷、《瓦韵》一卷、《汉官拾遗》一卷、《泉文记》一卷、《自晋迄隋石刻文录》、《汉器文录》等，又欲撰《金石通考》五十四卷，书未成，还有《吉金款识》十二卷等。

佛学方面，主张以天台宗修净土法，正佛经译文之误，辨二十三祖、二十七祖之异同，论述甚多，于晚清佛教之复兴，关系亦极大。

又尊侠、尊隐；收藏书画，讨论艺文，擅长诗、文、词；兼治中外关系史，撰《蒙古图志》，对青海、西藏史地亦有研究，号称"天地东西南北之学"。

现代研究者面对这样的学人，许多地方根本不具备相当的常识（更不用说知识了），要如何去讨论他？一概诋之为浅薄，令人丧气。摈去不观，方便倒是方便极了，无奈其为不懂何！

三、复杂变异的近代思想史

事实上，复杂、庞大正是近代思想史的特色。任何想用简单概念或架构予以处理的办法，都不切实际。

在历史上，我们很难看到一个时代，像这样浩博庞杂。学人的精神气力，喷薄四射到文化的每一个角落中去，而又能综摄包举之。堂庑特大，格局开阔。这个时代中，稍稍著名一点的学者，就不可能株守一先生之言，规行矩步，回旋进退于某一个小角落、小地盘、小空间、小格局上，以专家狭士自居。若求比拟，近乎先秦诸子。

先秦诸子的创造，历经两三千年，似乎正在努力想要再来一次伟大而痛苦的突破。

西方也是如此。尼采以来，西欧文化传统不断发出了破坏一切原有价值，并重估一切价值的呼喊。神学革命、社会改革、现代艺术狂潮、世俗化之推进等，引发了各个文化领域中空前的不安与骚动。西方文明的几根重要支柱，都出现了巨大的裂痕。

例如以相对论和量子力学为核心的物理学革命以及非欧氏几何、逻辑悖论的出现，科学的信仰地位已受到强而有力的挑战。"普遍必然的科学知识何以可能"的问题，业已取消，转换成问"是否可能"了。曾经秩序井然的世界图像，亦面目全非。与科学有同等地位的理性，也受到质疑，划时代的弗洛伊德精神分析，开创了对人类非理性世界的探索，且波澜壮阔，发展成 20 世纪的非理性主义洪流。

面对这样一种逆反传统的走势，在艺术中表现得最为明显了。现代艺术在 20 世纪初异军突起。

美术中的立体派、野兽派、达达主义、抽象派、超现实主义纷至沓来。凡·高、高更、毕加索、康定斯基，这些叛逆者另辟蹊径，各领风骚，怪象环生，把令人尊敬的传统弃置一旁。

音乐中的印象派、表现主义乃至无调性音乐、微音程音乐、噪音音乐如野马咆哮。德彪西、勋伯格、斯特拉文斯基等，使音乐的和谐美被一阵无章可循的放肆喧嚣冲刷掉。

文学中的意识流、象征派、表现主义、未来派、荒诞派、超现实主义、新小说派、黑色幽默四面袭来。乔伊斯、卡夫卡等也突破了从荷马到托尔斯泰的樊篱。

在这些领域中，从再现到表现，从具象到抽象，从外界到内心，从理智到荒诞，是世纪初最常展示的标签。

这就是20世纪初西方哲学生存的基本文化氛围。它与哲学互为因果，息息相关。鉴于此，西方哲学染上上述"时代病"也是顺理成章的。事实上，19、20世纪之交，西方哲学传统正面临堪与笛卡儿和康德的转折相并列的近代第三次大转折，在某些方面，甚至比前两次更为彻底。前两次是顺着传统在走，现在则掀动了整个文化方向与内容。其特征，正在于否定。

浏览当代西方哲学流派，不难发现一个并非巧合的现象，即20世纪哲学各流派或学说的称谓之前常被冠以一种否定性的限制词，如"反""非""否""拒斥""破""无"等。该现象值得细细深究。

兹举几例："拒斥形而上学"是20世纪上半叶西方哲学中最负盛名的口号之一，曾经在分析哲学中形成狂飙突进式的大潮，以全面否定整个西方哲学传统的激进姿态载入史册。

在被分析哲学家斥为形而上学家的欧陆哲学家中，如海德格尔，也从根本上反省自希腊开源的形而上学传统，也在自己所规定的意义上消解形而上学。

海德格尔认为：自古典世界至尼采的全部西方哲学的形而上学结构必须彻底摆脱，因为这些形而上学的探究毫无意义。而摆脱形而上学结构的途径，就是把本体论的探讨与形而上学分离开。

可见，虽然分析哲学与欧陆哲学相去甚远，然而在反省西方传统的形而上学方面，却同样彻底。

"非理性主义"，作为20世纪最为泛化、渗透文化领域最广的哲学思潮，远在叔本华哲学中就隐然萌动了。至弗洛伊德，一举摧毁了所谓高踞于意识之上的客观精神和理性的谎言，展开了一场对传统理性的浩大讨伐。

以发掘弗洛伊德主义而获得灵感的马尔库塞认为："在黑格尔以后，西方哲学的主流枯竭了。统治的逻各斯建立了它的体系之后，余下的便是扫尾工作了：哲学只是作为学术机构中的一种特殊的（但不是特别重要的）功能而得以幸存。……这个变化，用形而上学的语言来表达，就是指存在的本质不再被看作逻各斯。"

反逻各斯中心主义的非理性主义大张其势，从而使20世纪几乎每一学术领域都能瞥见它活跃的影子，甚至历来被标榜为正宗理性典范的自然科学，也被发掘出了非理性的成分。库恩、费耶阿本德等人的科学哲学都是如此。这是对启蒙运动以来理性崇拜的反省，也是对唯科学主义的反省。

表现于科学哲学中的反归纳主义（以波普尔、库恩、费耶阿本德等人为代表），重申并深化休谟的论证，断言归纳的不可能性，强调由经验所获知识的非确定性和非绝对性，强调科学的假设性、约定性和可错性。

而波普尔的否证主义，更进一步化解了对科学做肯定性和静态理解的实证论神话，把对未来无穷多可能性的开放视为科学的根本命运，把持续的否认和批判看作是科学存在和发展的基本模式。

总之，对于追究本质、基础、深层，具有历史客观主义倾向的思想，在近代都普遍受到抨击。西方近代思潮，是要彻底和"内与外""深层与表层""本质与现象"等传统学术模式决裂。对于西方文化，虽未必人人都发出如施本格勒《西方的没落》那样的哀叹，实质意义却无太大差异。

与此否定同时显示的，就是变迁。整个社会变革之迅速，为前史所未有，哲学思潮之兴衰起伏，亦复如此。有人戏言，现代哲学，是个无固定主角的舞台，每位哲学家顶多只能占据其中心五分钟，随即要被撵下台，让新主角登场，继领风骚。这话一点也不夸张。

构成这种否定与变迁的原因，甚为复杂。但其中值得注意的原因之一就是：所谓西方文化，并非一整体的、系统的文化，其内部实有许多异质性的因素，而这些因素，在近代正在分解、重组。因此，这个时期所表现的，并非理已直、气已壮地批判和质疑旧的系统架构，而是充满了矛盾、复杂、变异、纠缠、混乱的反省精神，狂热又痛苦，冷静又急切，谁都找不到答案，又谁都认为已握有开启明日世界的钥匙。

这种心态，却孕育着新文化临产的期待。

与此一发展同时在进行着的，便是东方中国的变革。反传统的狂潮，对中国文化业已没落死亡的诅咒，与西方并无二致。放在一个大的世界史格局中看，我们就知道：近代中国的苦难，近代中国思想史上的矛盾、复杂、变异、纠缠以及紊乱，亦是整个文化传统面临统合、再造、转化、异变时的表现，而非只肇因于中西文化冲突后中国文化挫败的反应。

全世界都面对着一个新时机，都在思索文化的出路，寻找突破点。

正因为如此，我们对近代思想之发展，便应特别注意。不仅因为它关联着我们现在的处境与问题，更因它深切关系着我们未来的命运。在时代与问题都改变了的今天，如新儒家那样，只谈康德，恐怕是无济于事了。

扬大汉之先声

中国人对汉语一向自傲，常说要"扬大汉之天声"。可是五四运动以后，情况反过来了，中国人越来越自卑。除了想废除汉字，还想索性把汉语也给废掉，大家都来讲世界语。

如今汉语虽幸运地保留了下来，可是中国人又对自己这套语言之特性或优点懂得多少呢？

不要紧，我底下这篇介绍，可做国民通识教材，你稍看看，一切就都明白了。

一、对语言的思维

每个民族都有语言，但中国人对语言特性的掌握颇有独到之处，与其他民族不同。

汉语发展的时间很长，当然颇有演变。例如中国人说养狗养猪，日本人则说犬养、猪饲，把宾语放在动词前面。中国人听了总要发笑，因为"狗养的"乃是骂人的话。可是古汉语中宾语前置的现象并不罕见，如《论语·子罕》中"吾谁欺？欺天乎？"就是。

又如汉语中量词极为发达，一个人、一张床、一匹马、一头牛、一只羊、一扇门、一根葱、一尾鱼、一叶舟、一方塘、一口刀、一把枪、一锭金，都有不同的量词，印欧语系语言便不如此丰富。但古汉语的量词使用原先却较简单，与印欧语系差不多。

再者，印欧语系中复声母的现象甚为普遍，汉语古亦有之。而且古汉语中辅音接合的可能性，甚至更多于现代的印欧语，如 dg-、tp-、dm-、ml-、nd-、mbl-、nh- 等均为现代印欧语所不习见者。但后来复声母终被淘汰了，汉语只以单音来表示。故由语序、量词、复声母等这类事来看，汉语之演变不可谓不大。

然纵观汉语史，又可发现汉语的基本特质古今并无大异。其变化者，一是古有而渐丰，如量词在先秦，虽已有之但尚不发达，魏晋才大量出现。这种变，其实只是发展，只是踵事增华。在古人说"孚马四匹，孚车卅两""卯五牛于二珏""其登新鬯二升一卣""予光赏贝二朋"时，早已注意到每一事物之特殊性，故其后才会广泛地以不同的计量词去指称每一不同的事物。

另一种变化，则是选择的结果，例如上文所谈到的词序和复声母。词序渐渐稳定，以宾语放在动词后面为主，复声母则遭放弃，都是有意识的作为，故是变本而加厉。

也就是说，语言虽然是每个民族都有的，但对语言的意识，各民族并不一样。各民族语言之所以不同，即肇因于此。

本于这种对语言的思维，各民族分别创造了他们的语言。汉语相较于其他语系，所具有的特色，便可显示古人在造语时特具的思维状态或倾向。顺着这些状态或倾向发展，后来汉语遂越来越与其他语系不同了。某些与其他语系类似的语言现象，则也已逐渐淡化或改变。

二、词的特点

从语音形式看，汉语的词，有单音节的，如天、地、山、水；也有多音节的，如观世音、社稷、君子。但多音节的词，其实仍是单音节词的缀组，其词单独仍可成立。故多音节的复合词，仅是单音节词在使用上的辅助或变化。正因为如此，语言学界普遍认为：整个汉语，乃是一个与其他语系极为不同的单音节语言体系。

单音节词的特点，是简无可简，结构上已不可再分。一个词指一件事、一个概念、一个动作、一项基本性状。而词音与其所指之间，则亦非毫无关联的任意编派。

古代的语音现象，如今当然无法复原，但部分语音现象仍可于文字中寻其遗迹，因为文字本来就有部分记录语音的功能。

历来均说中国文字为象形，殊不知汉字十之七八是形声，形声的音符部分就是表音的。转注、假借，在汉语及汉字中亦屡见不鲜。而两者也都与音有关。假借是同音字相替代，转注是有声音关系的同义字。同音字可以替代，有声音关系的字可以同义互训，正表示古人认为声音与意义是有关联的。某事某物之所以唤为某某，非任意为之，声与义相关，故同音者义近，可以替代或互相解释。

同理，形声字的声符除了表音之外，亦有表义的功能。这个道理，清代王念孙、段玉裁等人均曾予以阐发，认为形声必兼或多兼会意，如"支"声词有"分支"义，肢、枝、歧都是；"少"声词有"微小"义，杪、秒、眇、妙都是；"囱"声词有"中空"义，窗、聪（聰）都是；"仑"声词有"条理"义，纶、论、伦、轮都是；"交"声词有"纠缠"义，绞、狡、饺、校、跤、咬都是；"奇"声词有"偏斜"义，倚、寄、畸、骑都是；"皮"声词有"分析或偏颇"义，披、破、簸、颇、跛、坡都是。古代训诂书，如刘熙《释名》，或近人著作，如章太炎《文始》、高本汉《汉语训诂类》，也都循此原则去因声求义。

因声求义之方法也可以找出汉语的同源词。例如枯、涸、竭、渴、槁，声音和意义都相近，即是同源词。此类词不见得字形相近，而纯是声音的关系。如背、北、倍，均有"相反"义；迫、薄，均有"靠近"义；蒙、冥、盲、瞀，均有"迷蒙不清"义；陟、登、腾、乘、升，均有"升高"义；无、莫、靡、亡、昧、罔、蔑、勿、毋、不、否、弗，均有"否定"义。这些词，更明确体现了音与义之间的关系。

单音节词，一词一义，且词之音义如此密切相关，这些都是汉语的特点。然而，汉语另一些特点，恰好是与它们相反的。比如，一词多义。

单音节词是最简化的词形，一词一义。但词义因人类文明发展越来越繁，指涉越来越多，势必越来越扩大，这时单音节词便不敷使用了。除非不断增造新词，像印欧语系那样，词典越编越厚，收词越来越多。可是，汉语语音的音节单位是有限的，单音节词并不能像英语那样增造新词。此时就会出现派生词（如有虞、有夏、勃然、莞尔）、复合词（如壁虎、土虱），不再只用单音节词。因一词一义的单音节词，会随机与另一个单音节词组合而再变出另一个词及另一个意思来。所以也不需另造新的单音节词。

另一个让单音节词不增加而又能适应指义需要的办法，就是让单音节词可以指不同的义，一词多义。这看起来与单音节词原来确指一事一义相反，但词义的来源若在音声，则声变有限，义指无方，一声之中本来也就蕴含多种意味。如后来常见的释义法，"易，一名而含三义，所谓易也，变易也，不易也"，"诗有三训，承也，志也，持也"，"深察王号之大意，其中有五科：皇科、方科、匡科、黄科、往科。合此五科以一言，谓之王"，都是以一音之周流说意蕴之多方。可见单音节词多义，有其必然性在。中国人也善于掌握这个原理，好好地发挥了一番。

如何发挥呢？一词多义虽然是各民族语言的普遍现象，可是汉语单音节词的多义状况最特别。本义、引申义、假借义，可以多义流转到匪夷所思的地步。如"绳"，是"绳索"，是"绳墨""纠正""正直"，也是"惩办"（绳之以法）。"引"，是"开弓""拉长""导引"，也是"持取"。"首"是"人头""首领""发端""首要""朝向"，也是"自首"。"归"是"回家""出嫁""汇聚""归属""依附""自首""趋向""委任""归还"，也是"死亡"。凡此种种，词义非常广延灵活。

其中更为特别的是"正反合义"和"词性不定"。

一词多义中，往往包括了完全相反的两种意思，谓之正反合义。如花落，是指花的生命结束了；大楼落成，却是说楼刚刚建好。故《楚辞·离骚》所谓"夕餐秋菊之落英"，可能指的就是始英而非残卉。落，兼"开始"与"结束"两义，相反相成。同类者，如乱，治也。"乱"与"治"恰好含义相反。一个"乱"字即兼"治""乱"两义。面，既是"面对面"，又是"相背"。薄，既是"少"，又是"多"。

逆，既是"违背"，又是"迎接"。息，既是"生长"，又是"停止"。乖，既是"乖张"，也是"乖巧"。易，既是"变易"，又是"不易"。归，往也。危，正也。虔，杀也。让，诘也。兀，蔽也。眇，远也……这些都是正反合义。其他语言中非无此类语例，然远远不如汉语普遍。传统训诂学上所谓"反训"，所指即为此一现象。是常态，非特例。

词性不定，则是因一词多义。"绳"指"绳索"时是名词，指"绳之以法"时就成了动词，很难定称某词的词性如何。

本来，跨词性的词，各种语言中也都有，如英语的 fire 是名词"火"，也可以是动词"点火"。Home 是名词"家"，动词"回家"，形容词"家乡的"，也可以是副词"在家"。但汉语情况特殊。

印欧语系，可以依词性不同分为八类：名词、动词、形容词、副词、介词、连词、叹词、冠词。汉语则自《马氏文通》模仿印欧语也分词为九类（加了一类印欧语系所无的助词）以来，争议不断，大部分语言学家都主张汉语之词性难定或可以活用。"春风风人"，前"风"为名词，后"风"为动词，"风"又为"风化"之"风"、"风教"之"风"、"风诗"之"风"、"风动"之"风"、"风土"之"风"、"风谏"之"风"，义不定，词性也就不定，很难把词分类。

词性不定，其实就没有西式"语法学"可说。现在学校里面教的一套语法学，就是这样一种"姑妄言之"的戏论。

一词多义、正反合义、词性不定，又都是其他语言也有，但汉语特别普遍的现象，可称为汉语之特色。助词则更是特色了，因为印欧语系就没有助词。

清末马建忠编《马氏文通》时，发现汉语没有冠词，而助词（如"的、呢、吗、也、乎、焉、哉"等）却很多，所以特立了助词一类，谓此乃"华文所独"。

汉语中为何会独有这类词呢？在甲骨文时代，助词并不发达，周、秦、两汉才逐渐形成"虚词"系统。虚词是与实词相对而说的。词分虚实，这就是汉语的特点，其他语言并不这样分。

而正是在虚实相对的情况下，虚词系统越来越完备，虚词越来越多。许多实词虚化成为虚词，如"也、聿、其、岂、因、而、然、亦、且、勿、弗、不"等本来都是实词，后来才用为虚词。虚词体系越庞大，助词当然也就越来越增加了，其重要性也越来越获重视。《文心雕龙》就说，"至于'夫''惟''盖''故'者，发端之首唱；'之''而''于''以'者，乃札句之旧体；'乎''哉''矣''也'，亦送末之常科"，认为这些虚词"巧者回运，弥缝文体：将令数句之外，得一字之助矣"。对于传达语气、神情，虚词助语确实功效甚大，汉语特别发展这方面，正可看出运用这套语言的中国人，其思维特性何在。

三、句的形态

以上说的都是汉语基本单位（词）的特点。合数词以构句，则形成另一些语法上的特点。

世上语言，可略分为四种语法结构：孤立语、黏着语、屈折语、多式综合语。其不同可以看底下的例子：

汉　语	俄　语
我读书。	Я　читаю　книгу.
你读书。	Ты　читаешь　книгу.
他读书。	Он　читает　книгу.
我们读书。	Мы　читаем　книгу.
你们读书。	Вы　читаете　книгу.
他们读书。	Они　читают　книгу.

这六句话里，汉语的"读"和"书"没有任何变化。俄语的动词 читатъ 随着主语的人称和数的不同而有不同的形式，而 книга 也必须是宾格的形式 книгу。类似主语与谓语，形容词修饰语与中心语的组合要求有严格的一致关系，动词对它所支配的宾语也有特定的要求。词在组合中这般多样的词形变化，在汉语中是没有的。因为汉语和俄语正好代表两种不同的结构类型。语言学中把类似俄语那样有丰富的词形变化的语言叫作屈折语，而把缺少词形变化的语言叫作孤立语。汉语即是孤立语的代表。

孤立语的特点是不重视词形变化，但是词的次序很严格，不能随便更动。上述的六个汉语句子，每一个词在句中的位置都是固定的。虚词的作用很重要，词与词之间的语法关系，除了词序，很多都是由虚词来表达的。比方"父亲的书"，"父亲"和"书"之间的领属关系是通过虚词"的"表示的。这种关系在俄语里就须用变格来表示："книга отца"中的 отца 是 отец（父亲）的属格。汉语、彝语、壮语、苗语等都属于孤立语这一类型。

屈折语的"屈折"是指词内部的语音形式的变化，所以又叫作内部屈折。主要特点是：有丰富的词形变化，词与词之间的关系主要靠这种词形变化来表示，因而词序没有孤立语那么重要。像俄语的"Я читаю книгу."这个句子中的三个词，由于不同的词形变化都已具体地表明了每个词的身份，因而改变一下词的次序，比方说成"Я книгу читаю."，或者去掉 Я，说成"Читаю книгу."或者"Книгу читаю."，都不会影响句子的意思。俄语、德语、法语、英语，都是这种屈折语类型。

黏着语的主要特点则是没有内部屈折，每一个变词语素只表示一种语法意义，而每种语法意义也总是由一个变词语素表示。因此，一个词如果要表示三种语法意义就需要有三个变词语素。土耳其语、芬兰语、日语、韩语就是黏着语类型。

多式综合语可以说是一种特殊类型的黏着语。在多式综合语里，一个词往往由好些个语素编插黏合而成，有的语素不到一个音节。由于在词里面插入了表示多种意思的各种语素，一个词往往构成一个句子。这种结构类型多见于美洲印第安人的语言。

从孤立语和屈折语的比较来看，最大的差别在屈折语的形态变化多。其变化有以下各项：

（一）性。俄语和德语的名词与形容词都有性的语法范畴，分阳性、中性和阴性三种，不同性的词有不同的变格方式。法语名词也有性的范畴，但只分阴性和阳性。"性"是一个语法的概念，它和生物学的性的概念未必一致。例如德语的 das Weib（妇女），das Mädchen（少女）在语法上是中性。其他各表事物的名词也分成各种性，例如"太阳"在法语里是阳性，在德语里是阴性，在俄语里是中性等。这种分性的观念，墙壁、门、窗、桌、椅都有性别，中国人常感莫名其妙。

（二）数。指单数和复数。如英语的名词、俄语的名词和形容词都有单数和复数的变化。在中国，若讲到狗时，说"狗们"，则会笑死人。我国只有景颇语、佤语的人称代词有单数、双数和复数的区别。

（三）格。格表示名词、代词在句中和其他词的关系。俄语的名词、代词的格有六种形式（名词单复数各有六个格的变化，故有十二种变化），修饰它们的形容词、数词也有相应的格的变化。名词、代词做主语时用主格的形式，做及

147

物动词的直接宾语时用宾格的形式，做间接宾语时用与格的形式，表领属关系时用属格的形式。英语的名词只有通格和所有格两个格，芬兰语则有二十几个格。中国人学外语，对这些格的变化，常感一个头两个大。

（四）式。表示行为动作进行的方式。英语动词有普通式、进行式和完成式。"be+ 动词的现在分词"表示进行式，"have+ 动词的过去分词"表示完成式。

（五）时。表示行为动作发生的时间。以说话的时刻为准，分为现在、过去、未来。如英语"I write."（我写，现在时），"I wrote."（过去时），"I shall write."（将来时）。英语语法中通常说的"现在进行时"，实际上包括"时"和"式"两个方面：现在时，进行体；过去完成时则是：过去时，完成体。法语语法中通常说的"复合时"，也是包括两个方面的，如"越过去时"（plus-que-parfait）实际包括"过去时"和"完成体"两个方面。

（六）人称。不少语言的动词随着主语的人称不同而有不同的形式。俄语、法语都有三种人称。英语动词只在现在时单数的时候有第三人称。汉语不只无此变化，连"我、你、他"有时都很模糊。上海话说"侬"，有时指"你"，有时指"我"，即为一例。

（七）态。态表示动作和主体的关系，一般分为主动态和被动态两种。主动态表示主体是动作的发出者，被动态表示主体是动作的承受者。

以上这些性、数、格、式、时、人称、态，汉语几乎全都没有；某些语法功能，则是用助词来代替。例如"我吃了"表完成式，"我吃着"表进行式。其他形式上的表现只有语序。词与词缀合成句，由语序关系确定其含意。一些游戏语的故事如：主人逐客，下了条子说，"下雨，天留客，天留我不留"，却被死皮赖脸的客人读为"下雨天，留客天，留我不？留"；或某君气愤邻居常来门口便溺，写了告示，"不可随处小便"，结果被邻人改为"小处不可随便"，把字拆开裱好了挂在厅堂上。这都显示了汉语中句子的意义，是靠不同的读法，或对语序不同的处理而定的。

不只此也。汉语对一些结合字句的词语，如前置词、接续词、关系代名词，也都不予重视；在组成一句话时，主语、述语、宾语、形容词、副词也都可以颠倒或省略；主语亦不具备印欧语系的主语功能；句子更可以没有主语；主语与谓语动词之间的关系又非常松散，不存在必然的"施事加行为状态"及"被表述者（主语）和表述成分（表语）"等关系。这些，也都迥异于其他语言。

早在亚里士多德讨论静词和动词时，就有了"格"形式的概念和"数"形式的概念。他把动词和静词的所有间接形式（形态变化）都纳入"格"的语法范畴中，还指出静词的"性"的区别。其后语法学之研究亦历久不衰。印度则在公元前 4 世纪就有系统的梵语语法著作《波尼尼经》。可是，汉语的语法形态变化甚简，只要明白了词，又明白了词序，句子自然就能通晓，不须做句法的形态结构分析。因此，从古至清末，中国只用训诂之学去释词，用句读之学去讲明语序就够了，根本没有印欧语系中那样的语法学。

由此差异，亦可发现印欧语言显示了较强的形式逻辑性，句子的谓语必然是由限定动词来充当的。这个限定动词又在人称和数上与主语保持一致关系。句子中如果出现其他动词，那一定采用非限定形式以示它与谓语动词的区别。因此，抓住句中的限定动词，就是抓住句子的骨干。句中其他成分，均须借位格或关系词来显示它们与谓语动词的关系。而主谓语之分，又是从形式逻辑来的，以形成一种从属关系句法。

反观汉语，形式限定很弱。词序所构成的，乃是意义上的、事理上的逻辑关系，而非形式上的（也有人称为"意向性意涵的逻辑"或"隐含逻辑"）。故非"以形定言"之形态，乃是"意以成言"的。语意之明晰与否，不由形式逻辑上看，而要从词意的关系上认定。

这是"形态优势"和"意念优势"之对比。

具备形态优势的语言，讲究形式逻辑的关系，时态、语态、人称等均有明确的规定。语句的意思，可由结构形态上分析而得，故句意较为固定。具备意念优势的语言，是意念（词）的直接连接，不必依赖形式上的连接，所以形约而义丰。对词意本身的掌握越准确、越深刻，句意也就发生了变化。有些人因此认为汉语不如印欧语言明确，不具形式逻辑性、含混、语意游移，以致用此语言所表达之思想也无明确的推理程序，显得囫囵、简单。

有些人则推崇汉语抛弃了一切无用的语法形式，直接表达纯粹的思想，把所有语法功能全部赋予了意念运作，也就是思维，仅以虚词和语序来联结意义。若把思维或概念外化为语言的过程称为"投射"，则汉语是直接投射式的，英语等则须经过词的形态变化、结构成形等程序整合手续，所以是间接投射的。相较之下，汉语自有简约直截的优点。

除"形式逻辑与意义关系""形态优势与意念优势""间接投射与直接投射""以形定言与意以成言"等区分之外，印欧语言与汉语还可以"动词为主与名词为主"来区分。

汉语是以名词为主的语言，动词远不如在形态语中那么重要，注重名词的基本义类，然后利用句读、短语组构语句。印欧语法则注重动词的形态变化。上古汉语中动词还比较多，占百分之七十一，名词占百分之二十。现代汉语中动词则已降到百分之二十六，名词高达百分之四十九。可见整个汉语史有朝形态简化、动词作用弱化、名词作用强化演变的趋向。

四、汉语思与言

具备意念优势的语言，本来就以词为主，而不以语法为重。在无甚语法形态变化的地方，靠词就可完成其语法功能。如前文说的"我吃了""我吃着"那样，词本身无形态变化，但助词可以完成表示时态的功能。

"数"也一样，"数"在汉语中也是以词表示的。如"人们"，加后缀"们"以示复数；"五匹马"，加数词、量词以示复数；"异议"，以词义融合表示复数；"若干时日"，利用表示复数的词语示复；"重重关卡"，以叠字示复。这些都是运用词汇手段（lexical means）的办法。

这种办法极为灵活，因为词与词可以随机缀组，因此它是个开放系统。语境不同，便可缀组成不同的词。其手段包括利用副词（如"很、都、就、又、立刻"等）、助词（如"的、地、得、着、了、过"等）、连词（如"若、假若、倘若、即使"等）、助动词（如"应、应该、会"等）。

以词汇手段济语法功能之用，当然更强化了汉语"以意为纲"的特点。屈折语中语法形态上的转折，变成了汉语式的意念转折。善于听受汉语的人，也就不必去分析什么句法的结构，只需注意其遣词命语即可。

注意遣词命语，除了要留心其语法功能的词汇手段外，当然还要斟酌玩味其所遣之词。汉语的词汇，本身也是颇有特点的。

众所周知，英语中上下两代非直系亲属称谓词只有四个：uncle、aunt、nephew、niece。汉语中却至少有十四个：舅舅、姑父、姨父、叔叔、伯伯（皆 uncle）；舅妈、姑姑、姨妈、婶婶、伯母（皆 aunt）；侄子、外甥（皆 nephew）；侄女、外甥女（皆 niece）。若再考虑整个家族的情况，汉语亲属称谓词的数量更是惊人。

汉语与英语在亲属称谓上同属"描述制"而非"类分制"，本来数量不应相差这么多。但英语是称谓的组合，汉语却是词素的组合，三十四个词素（祖、孙、父、子、母、女、兄、弟、姐、妹、伯、叔、姑、舅、姨、侄、甥、岳、婿、夫、妻、嫂、妇、曾、高、玄、堂、再从族、姑表、舅表、姨表、内、外）组合起来可以达到数以百计之多。可见亲属称谓语多，本身就是词素组合所构成的。而其所以要组构出这么庞大的称谓语系统，则显示中国人对亲族关系、人际网络的重视。

另一个庞大的词素群是饮食字。汉语中形容烹调方法者，至少有二十五个：炒、烩、熏、炸、炖、煲、爆、煸、煨、烤、炆、煎、焗、烧、煮、卤、蒸、熬、熘、汆、饪、腌、酱、醋、醉。英语大约只有十来个。

而仅是与"吃"有关的词语、短语、熟语等就在一百二十个以上。有表能力的，如"吃闲饭""吃不开""吃不消"；表人的生活方式与手段行为的，如"吃香喝辣""靠山吃山"；表处事方法的，如"吃老本""吃软不吃硬""好汉不吃眼前亏"；表经历的，如"吃苦头""吃闭门羹""吃不了兜着走""吃力不讨好"；表心理的，如"吃醋""吃了定心丸""哑巴吃汤团"；表属性的，如"秀色可餐""味同嚼蜡"；表状态的，如"吃惊""吃力""吃重"……"吃"的语词这么多，岂不表示了中国人对饮馔的态度？

语汇，表现的是一个民族对事物的关注现象。每个民族都有其亲属关系，也都要吃，但对亲属关系或饮食的认知、心理感受、意识内容都不一样。

就像"天"，英语里也有"天（sky）"，但sky源于古挪威语，指"云彩"，故英语sky表示的乃是"有云彩的天空"。汉语"天"则复杂得多，人穷则呼"天"，"天"有情感意蕴与神圣性。因此，此种词也如亲属称谓语或饮食词般，可表现意识取向及人对世界有意向的认知状况。

此即古人所谓"言为心声"或"心生言立"。特殊的语汇，乃是内心世界之观念丛，本此而展开对外在世界的命名或描述。那些实体词（名词），主要是用来命名的，山、川、花、鸟、草、木、竹、石。那些描述语，如"白马非马""山外青山楼外楼"则是以话题形式建立的句子。

这些句子，可能仍由实体词构成。如"春风桃李一杯酒，江湖夜雨十年灯""枯藤老树昏鸦，小桥流水人家"，句子都是话题形式而非命题形式，主谓结构不明显。当然，句子也可能利用虚词组成，如"时方随日化，身已要人扶"。虚词的作用不在表达语法范畴，而在显示思路转折，但词无固定词性，功能上的意义也不定。同样地，实体名词在句中一样可以具有语法功能。一个句子没有虚词，没有动词、助词，照样可以理解（但若习惯了印欧语言及其思维形态，对汉语语意，可就拿捏不准了。民国以来，治思想史者，就不乏此种毛病）。

这特殊的词语状况，结合其语法特性，就构成了汉语独特的形态。此一形态，与思维之关系，最明显的，是句子短。即使是长句，也往往可析成若干短句，句中以意联结，意断则句绝。因此"离章辨句"非常重要。古代大学，要求学子入学一年后须有离章辨句之能力，即缘于此。不同的断句法代表对语意之掌握有所不同，因此这是以语意为主的句子。语意之单位是词，一词一意，故一词为一句的情况极多，至为简约。短句在思维上代表简捷、直接。中国人常常也有把一些复杂的事相或概念，浓缩为三四个字的习惯，《三字经》及大量成语即为明证，思想是极缩约的。《诗品》称陶渊明"文体省净，殆无长语"，大约即是中国人对言词运用的极则。此亦代表了思想上的要求，所谓"言简意赅"或"文约意丰"，都是指这个特长。

有些人说，短句精简的特色，因摒弃了机械式的关系结构，会使中国人不善于推理思维。其实推理思维是否一定只能透过形式逻辑式的方式？以意定形，在不同语序中体会不同词意的变化，比较其差异，同样是一种推理思维呀！

何况，汉语不重视语法形式，使得一个语句到底是什么意思，一个词语在语序组合中到底恰当否，都只能在实际的语词中去认清楚它的意义而定。这样的语言，语义的掌握就更为重要，"语言学"势必成为"释义学"。

古代形容圣人，都强调其聪智；"圣"与"听"本来也就是同一个词。"聪"是耳朵听的能力，故"圣人"之"圣"，从"耳"，从"口"。听得懂话，才能掌握意义。孔子自谓"六十而耳顺"，境界尚在"五十而知天命"之上。耳顺者，声入心通。发言者心生言立，听闻者声入心通，两心相印，才能形成一次透彻深刻的意义传达。此种理解与传达之关系，比诸形式推理，更需要体会、诠释的功夫，亦非形式推理所能奏功。此则非只懂印欧语言、只晓得形式推理者所能知矣。

若语句之重点不在形而在意，句子的重点也就不在句而在词。这种情形有点儿像古代的音乐。琴瑟钟鼓，都与汉语一样，不重曲式变化，只由一个音一个音缀合；听音乐时，虽寻声而赴节，但重点在于品味那一个个的音。好的音乐，"曲淡节稀声不多"，并无繁复的曲式变化，却可由其简素、朴直的声音中透显无穷韵味，令人玩绎不尽，故又称为"大音希声"。能听得懂的，称为知音。知音殆如"知言"，亦圣人也。

总之，语言不是工具，它是人类心灵状态在声音上的表现。不同的民族，不同的心灵状态，即有不同的语言，不同的表现方式。即便语言只是工具，每个民族创造工具的思维也不相同。正如有些民族创造了筷子，有些就只用刀叉。刀叉制作繁难，形状也较复杂，但未必优于筷子或可以替代筷子。这是创造工具的不同思维创造了不同的工具。可是运用这些不同的工具，却必然又会使饮食活动产生差异。因为吃涮羊肉就绝对无法用刀叉，只能用筷子。会创造出涮羊肉这种吃法，也是因为有了筷子。

创造语言的思维，创造了语言，语言又反过来影响了思维，亦如为了吃东西而创造了筷子，筷子又影响了吃东西的方式和内容。中国人在上古，创造了汉语这样一种颇异于其他语系的语言，其创造思维，真是夐绝寰宇、自开境界！

礼乐的衰亡为什么最甚？

人类未造文字之前，先有语言。"情动于中而形于言，言之不足，故嗟叹之；嗟叹之不足，故永歌之"（《毛诗序》），故古人抒情述志均以歌谣为主。

这些歌谣，明冯惟讷《古诗纪》、杨慎《古今谚》《古今风谣》、臧懋循《古诗所》及清沈德潜《古诗源》收录甚多，而最重要的当然还是《诗经》。

于是，《诗经》就逐渐从口头歌曲变成文辞篇章了。

一、古代的诗都是歌

《诗经》所收，名之为诗，实皆是歌。故孔子自称编此书可令雅颂各得其所；《史记》也说三百零五篇，孔子皆弦歌之，以求合于韶武雅颂之音。

其中风、雅、颂之分类，颇似古希腊音乐分成吕底亚式、爱奥尼亚式、道瑞斯式、弗里吉亚式。吕底亚式起于小亚细亚，音乐柔缓哀婉；爱奥尼亚式起于小亚细亚西岸，音乐柔缓缠绵；道瑞斯式起于希腊北部，音乐简单严肃，亦较激昂；弗里吉亚也在小亚细亚，音乐战斗意味最强。

这些不同地区的音乐，有点像郑风、魏风、豳风，既有区域性的差异，也显示了不同的风格和伦理性质。故孔子推崇雅颂而批评郑卫之声淫。柏拉图则反对吕底亚式和爱奥尼亚式，认为它们柔缓哀伤，是文弱的或只适用于饮宴的；他也反对铜弦琴、三角琴，只愿给理想国人用两角竖琴、台琴和笛子。

当时诗实际应用于典礼中的情况，更能显示它们是乐歌。

例如大射时歌《鹿鸣》；王宴诸侯时歌《湛露》；乡饮酒礼时歌《鱼丽》，笙吹《由庚》；歌《南有嘉鱼》，笙吹《崇丘》；歌《南山有台》，笙吹《由仪》；合乐《周南》的《关雎》《葛覃》《卷耳》，《召南》的《鹊巢》《采蘩》《采蘋》。

其中《由庚》《崇丘》《由仪》都没有词，不可歌，只能吹奏。

《诗经》中收录了这些可奏而不可歌的"诗"，岂不显示了它不仅是一部歌谣集，更是一部乐曲集，是从音乐角度收录的歌曲和乐章。

二、礼崩乐坏，音乐亡了

春秋之末，礼崩乐坏，据《汉书·艺文志》说："周衰俱坏，乐尤微眇，以音律为节，又为郑、卫所乱，故无遗法。汉兴，制氏以雅乐声律，世在乐官，颇能纪其铿锵鼓舞，而不能言其义。……道浸以益微。"

乐的衰亡，在六经中最甚，原因是音乐随时变易，新声既起，旧乐即难保存。古代又无录音技术，不比文字记录可以久长。即使是乐师们父子师徒相授受，能传其节奏与仪式，也不知其意义。久而久之，便连音声节奏都难以保存了。

依《大戴礼记》说，当时雅有二十六篇，可歌者只有八篇，是《鹿鸣》《狸首》《鹊巢》《采蘩》《采蘋》《伐檀》《白驹》《驺虞》。

这些歌，除《鹿鸣》《白驹》在《小雅》，《狸首》不可考，其余都在《国风》中。

故知所谓"雅"，并不是《诗经》原来的《大雅》《小雅》之义，而是指这些乐章在汉代已经成了雅乐。《汉书·艺文志》所载《雅歌诗》四篇、《雅琴赵氏》七篇、《雅琴师氏》八篇、《雅琴龙氏》九十九篇，也都属于这种雅乐。

但杜夔所传雅歌四曲，只有《鹿鸣》《驺虞》《伐檀》《文王》。其余《雅琴赵氏》《雅琴龙氏》《雅琴师氏》等则皆不传，亦不知内容为何。

因此，古代那么繁盛的音乐文化，到了汉代，竟可说已完全消歇了。六经中的《乐经》，已经沦亡，不复可考。除了《乐记》可略知其义以外，遗音尚存，略可歌或奏的，只有三曲而已。

《汉书·艺文志》另载《河南周歌诗》七篇、《河南周歌诗声曲折》七篇、《周谣歌诗》七十五篇、《周谣歌诗声曲折》七十五篇，列在《诗赋略》中。这些曲子与前述各篇不同者，一是非《诗经》体系，二是以声音记录为主，也就是班固说"雅乐声律，世在乐官，颇能纪其铿锵鼓舞，而不能言其义"的那一种。

列在《六艺略》中的《雅琴赵氏》《雅琴师氏》《雅琴龙氏》和《乐记》二十三篇、《王禹记》二十四篇，却是以阐发音乐之意义为主的，故班固将它们分开来。

《诗经》之旧曲，在汉末只存这三四曲，魏晋以后就全亡了。

唐代开元年间制乡饮酒礼，所传赵彦肃《风雅十二诗谱》①，《鹿鸣》《四牡》《皇皇者华》《鱼丽》《南有嘉鱼》《南山有台》，属黄钟清宫；《关雎》《葛覃》《卷耳》《鹊巢》《采蘩》《采蘋》属无射清商。是现今仅存《诗经》乐曲可考者。

但朱熹对之便颇有怀疑。理由一是："古声亡灭已久，

---

① 南宋乾道年间（1165—1173），进士赵彦肃传《风雅十二诗谱》，自称唐开元年间（713—741）所用曲谱，但不见唐人著录。——编者

不知当时工师何所考而为此也。"

二是说"古乐有唱有叹，唱者发歌句也，和者继其声也。诗词之外，应更有叠字散声以叹发其趣，故汉、晋之间，旧曲既失其传，则其词虽存而世莫能补"，可是《风雅十二诗谱》却是一声叶一字。

假如古代就只是一声叶一字，那么古诗就篇篇可歌了，何来乐崩之叹？

三是《风雅十二诗谱》以清声为调。

按：平调、清调、瑟调合称清商三调，为汉《相和歌》旧曲。《唐书·乐志》虽说"皆周房中曲之遗声"，但唐以前的文献都只说清调为汉魏古曲，它是否能代表春秋以前的音乐，不免令人存疑。朱熹因此疑《风雅十二诗谱》非周朝之旧，不无道理。也就是说，《诗经》的音乐在魏晋以后尽亡，开元遗声也未必足据。

由于《风雅十二诗谱》以一声叶一字，因此我们也大抵可推测那些乐师所传的"声曲折"谱也亡了，后世所传，乃是乐师自作之曲。犹如太和年间，左延年改杜夔所传《驺虞》《伐檀》等曲，自作声节，而仍用旧名那般。虽然还叫《伐檀》《驺虞》《文王》，音乐其实迥异了。

三、以文字谱形式存在的《诗经》

这一大段乐亡的历史，显示了什么呢？

古代歌诗，乃是音乐，词并不是最主要的。故《诗经》中有根本无词之曲，在典礼中配的乐，亦不能只由词去掌握。像《鱼丽》《南有嘉鱼》或《关雎》，其词都与乡饮酒无关，歌它或演奏它，乃是借其音声以昌美礼仪罢了。

同时，大家都知道：同一声曲，可以配上不同的歌词。《诗经》里面的那些歌，大约也就是该曲调歌谣的许多声词之一，刚好被选编入这本集子罢了。

古来有孔子"删诗"之说，删诗其实正是选诗。所选的，本是乐曲，但后世乐音既亡，这个本子就成了文辞式的诗篇总集。

这情况犹如后来的宋词。选家皆依词牌或宫调，每一个词牌找一两首为定式、为例子。可是因宋词之音乐后来渐渐失传，以致明清所有的词选、词谱都成了文字谱。

《诗经》在汉代，就是以文字谱之形式存在的。

四、望文生义的解释

郑玄《诗谱·序》说，上古之诗"篇章"泯弃，周初政治清明，诗人颂之，"故皆录之，谓之诗之正经"；其后政治衰乱，"故孔子录懿王、夷王时诗，讫于陈灵公淫乱之事，谓之变风变雅"。

可见这个诗谱乃是模仿古代宗族世系谱而作的。论诗，而说篇章、说记录，且从文义与政治良窳的关系上说正变，诗歌原先拥有的音乐性质就消失了，把原属乐章的歌，转成了文字性的篇章。

由于是文字性的诗篇，因此对诗意的掌握就只能是由文字去把搦。

汉代解诗者，《汉书·艺文志》所载凡六家四百一十六卷（实为四百一十五卷）：《诗经》二十八卷（鲁、齐、韩各二十八卷）、《鲁故》二十五卷、《鲁说》二十八卷、《齐后氏故》二十卷、《齐孙氏故》二十七卷、《齐后氏传》三十九卷、《齐孙氏传》二十八卷、《齐杂记》十八卷、《韩故》三十六卷、《韩内传》四卷、《韩外传》六卷、《韩说》四十一卷、《毛诗》二十九卷、《毛诗故训传》三十卷。

传、说与故训不同。传是述传，说是解说，今存《韩外传》犹可见其体例。但"故"或"故训"就是文字性的解释了，犹如《尚书》有欧阳生的《尚书章句》及《大小夏侯解故》。

五经中，释经称"故"者，仅《诗经》《尚书》两经，此外就是小学类中的杜林《苍颉训纂》。班固说它是因《苍颉篇》多古字，俗师失其读，故"宣帝时，征齐人能正读者，张敞从受之。传至外孙之子杜林，为作训故"。可见训故主要是文字的解释。

一般说来，今文学家重口说，古文学家重文本。但在汉代，解诗的今文家韩、鲁、齐和古文家毛，四家其实都有"故"，亦可证当时无论今古文学派都是由文字性的诗篇来把握这部经典，而不再就音乐歌曲来看待它。

今文三家之解故今已失传，以《毛诗故训传》来看，其解诗方式是这样的：

> 〔《葛覃》，后妃之本也。后妃在父母家，则志在于女功之事，躬俭节用，服浣濯之衣，尊敬师傅。则可以归安父母，化天下以妇道也。〕葛之覃兮，施于中谷，维叶萋萋。（兴也。覃，延也。葛所以为絺綌，女功之事烦辱者。施，移也。中谷，谷中也。萋萋，茂盛貌。）……

这是对《诗经·国风·周南·葛覃》的解释。前面"〔〕"内一段，出自《诗序》，是对诗义的解说；中间录诗；后作训诂，解释字词。其解诂，固然是文字训诂式的；其《诗序》所云亦只解义不论声。

上海博物馆藏战国楚简《孔子诗论》论《葛覃》却不如此，文中说，"吾以《葛覃》得氏初之诗。民性固然：见其美，必欲返其本。夫葛之见歌也，则以絺綌之故也；后稷之见贵也，则以文武之德也"，明白说的是歌。

同理，其论风与颂亦皆论声，如云"《邦风》，其纳物也博，观人俗焉，大敛材焉。其言文，其声善"；"《颂》，平德也。多言后（？），其乐安而迟，其歌申而易（？），其思深而远，至矣"！

对照毛诗的解释，就会发现毛氏都只论义而不论声。故《关雎》只说："乐得淑女以配君子，爱在进贤，不淫其色，哀窈窕，思贤才，而无伤善之心焉，是《关雎》之义也"。跟《论语》中孔子论《关雎》也有极大的差异。孔子说，"《关雎》之乱，洋洋乎盈耳哉"！在《毛诗故训传》中却完全不涉及这类音乐之讨论。

古代的诗歌集，经此处理，即变成了篇章，与歌渐不相干矣！

五、诗与乐分道扬镳

歌曲集的《诗经》，在汉代被改造成这样的文字经典，当然会留下一些问题。

例如它分为"风""雅""颂"三大类，但自宋王质、程大昌以来，不少人都指出：若从音乐的角度看，《周南》《召南》应该是独立的一类。故《礼记·文王世子》有"胥鼓南"，《左传·襄公二十九年》也有"见舞《象箾》《南籥》者"之记载。《鼓钟》说："以雅以南。"雅与南都是由不同音乐而形成的乐体。可是毛诗论义不论音，遂将二南视如土风，成为"风"的一部分。《豳风》的问题也是如此。

再者，《毛诗序》说："故《诗》有六义焉：一曰风，二曰赋，三曰比，四曰兴，五曰雅，六曰颂。"这六义，在《周礼》中称为六诗，指六种诗，而不是诗的六义。

但在《毛诗》的处理中却变成了三诗：风、雅、颂。赋、比、兴则是各诗的写作手法，例如由前文所引《葛覃》中我们就可看到它说葛覃萋萋是兴。此诗列入《风》，指其诗体；以葛覃喻后妃德容之盛，则是一种兴的描写方式。

如此解六诗，会引起很多问题。

如赋，不歌而诵谓之赋。墨子曾说，"诵诗三百""歌诗三百"。因此赋应该是指用带音乐性的腔调去诵读诗篇。诵之诗，应与合乐之诗不同。但若依《毛诗》赋、比、兴之解释，赋就不是诗之一体，只是一种铺陈直述的描写手法。

比、兴的争论更大。什么是比，什么是兴，后世聚讼不已。而其原因恐怕《郑志》说得最明白。"张逸问：'何诗近于比、赋、兴？'答曰：'比、赋、兴吴札观诗时已不可歌也。孔子录诗，已合风、雅、颂中，难复摘别'"。风、雅、颂与赋、比、兴相混，主要是歌乐已失之故。

自此诗乐分途。"诗"字只指文字性的篇章，若是歌，即不能只说诗，一定要注明是歌或诗歌。

如《汉书·艺文志·诗赋略》所录的诗歌，就全部是歌谣，包含《高祖歌诗》两篇、《泰一杂甘泉寿宫歌诗》十四篇、《宗庙歌诗》五篇、《汉兴以来兵所诛灭歌诗》十四篇、《出行巡狩及游歌诗》十篇、《临江王及愁思节士歌诗》四篇、《李夫人及幸贵人歌诗》三篇、《诏赐中山靖王子哙及孺子妾冰未央材人歌诗》四篇、《吴楚汝南歌诗》十五篇、《燕代讴雁门云中陇西歌诗》九篇、《邯郸河间歌诗》四篇、《齐郑歌诗》四篇、《淮南歌诗》四篇、《左冯翊秦歌诗》三篇、《京兆尹秦歌诗》五篇、《河东蒲反歌诗》一篇、《黄门倡车忠等歌诗》十五篇、《杂各有主名歌诗》十篇、《杂歌诗》九篇、《洛阳歌诗》四篇、《河南周歌诗》七篇、《河南周歌声曲折》七篇、《周谣歌诗》七十五篇、《周谣歌诗声曲折》七十五篇、《诸神歌诗》三篇、《送迎灵颂歌诗》三篇、《周歌诗》两篇、《南郡歌诗》五篇等。并说明："自孝武立乐府而采歌谣，于是有代、赵之讴，秦、楚之风，皆感于哀乐，缘事而发，亦可以观风俗，知薄厚云。"

这样的目录和说明，充分显示了他所录的就是乐府，又称歌诗。

汉人论诗，大都如此。凡可歌者称乐府，或称歌、歌诗。不可歌者便只称诗，或只标题名而已，如苏武、李陵之《河梁赠答》，汉武之柏梁联句，班固《咏史》，张衡《四愁诗》，秦嘉《留郡赠妇诗》，蔡邕《翠鸟》，郦炎《见志诗》，繁钦《定情诗》，蔡琰《悲愤诗》之类。王逸曾编有《汉诗》一百二十三篇，称诗而不名曰歌诗或乐府，即表示诗是诗，乐府歌诗是歌谣，两者已呈分途而进之势了。

168

汉代的乐府歌曲，本来是继承周朝采诗制度并模仿《诗经》的。故《诗经》有十五国风，它也有秦、楚之风，代、赵之讴；《诗经》学家说由诗可以观一时一地之风俗，班固便也说汉之歌曲有同样之功能，或颂盛德或刺窳政。

可是过去的研究者碰到这些歌诗，常不能掌握其性质，总是迷信歌谣起于民间，不但把《诗经》的国风视为民歌，更以歌谣生于民间的想象，硬性划分汉乐府为民间文学，诗为士大夫文学。

其实在古代以音乐为核心的教育体系中，贵族重乐，远甚于平民。《诗经》中雅颂均为朝庙乐章，国风中因"关关雎鸠"而云"钟鼓乐之"，也显然不是平民声口。汉乐府也一样，《汉书·艺文志·诗赋略》所录《高祖歌诗》以下八种五十六篇，就都不是民间歌谣。

故乐府之性质，重点不在于它是否具有民间性或在不在民间，而是它的音乐性。汉代诗与乐府之不同，非文人士大夫所作与民间文学之分，乃文字性新形态诗篇与歌谣之分也！

六、新诗又名古诗

与音乐分开以后，完全靠文字抒情达意的新型诗篇，由于是一种新的起步，因而显得有些生涩。钟嵘《诗品·序》批评汉诗："自王（褒）、扬（雄）、枚（乘）、马（司马相如）之徒，词赋竞爽，而吟咏靡闻。从李都尉迄班婕妤，将百年间，有妇人焉，一人而已。诗人之风，顿已缺丧。东京二百载中，惟有班固《咏史》，质木无文。"这就是南朝人对汉诗生涩而且稀少的总印象，评价并不太高。

但是，新的生命，值得珍视。

第一是历史的，它是中国文学中诗传统的真正开创者。

一方面，古代的歌谣，经过改造后，诗篇成为被追认的典范，这主要表现在对《诗经》的训诂解释上；另一方面，则是以这种脱离了音乐的文字性诗篇去展开抒情言志的新尝试，为后代建立诗的传统。

汉诗在后来常被称为古诗，就是这个道理。《文心雕龙·明诗》说，"古诗佳丽，或称枚叔"。《文选》收古诗十九首，《玉台新咏》收古诗八首，其他还有《艺文类聚》《初学记》《北堂书钞》等收了些无名氏古诗。

诗之古，按说《诗经》比汉诗更古，为何独以汉诗为古诗呢？此即因在诗的传统中，汉诗才是真正的起点，其生涩质朴，遂也就成为诗中古典的风格类型。

第二个值得重视处，是语言的。

《诗经》本是乐歌，乐府也是音乐性的歌谣。句式要配合着音乐，势必就会长短不协。故《诗经》虽以四言为主，而实有一字句至九字句的句式，乐府歌谣长短句也很明显。

汉诗则放弃了这种句式，在四字句之外大力发展五言、七言，如苏武与李陵的赠答诗为五言，柏梁联句为七言。通篇四言、五言或七言，柏梁联句甚至采句句押韵之方式。这样的诗，绝不能歌，追求的乃是一种语言性的铿锵顿挫之感。

尔后诗史，不但均朝此路向发展，且五言、七言也成为诗语言的主要句式。故钟嵘说"五言居文词之要，是众作之有滋味者也"。清王闿运说四言与诗无关。语言性代替了音乐性，五言、七言也代替了四言。后来虽还有少数人模仿《诗经》作四言诗，但都无足轻重了。

第三点值得注意者，是乐府歌诗之诗意是因着乐音而定的。

黄钟、大吕，绝不能幽咽缠绵，其调式与乐曲之功能，即严格限制着词意内容的描写。所以我们看《诗经》有风、雅、颂，汉乐府有庙堂乐（《郊庙歌》《燕射歌》《舞曲》）；军中乐（《鼓吹曲》《横吹曲》）；地方风谣（《相和歌》《清商曲》《杂曲歌辞》）。横吹曲当然不能用来歌颂朝庙，庙堂乐也不可以用来唱民谣。此即音乐的规范。

此外还有引、曲、吟、辞、调、怨、叹、弄、操等不同的规定，犹如后来宋词之有令、引、近、慢，都是因着乐曲上的性质而对文辞篇义形成的规范。相对来说，诗就无此规定与限制，纯就作者抒情言志之需，可称"心命笔"，题材及诗意都广泛自由得多。它逐渐取代歌乐，成为后世诗家采用的形式，不是没有原因的。

所以，观世者既哀古乐沦亡，又喜诗篇新生，悲欣交集，是谓历史。

《周易正义》是个漂亮的思想实验室

现在读《周易》的人，基本上还是从王弼注入手，可是已经不太读《周易正义》了。但《周易正义》其实是王弼注最好的辅助读本，本身又有很高的思想性，自唐朝以来，只要读《周易》，均由此奠基，为《十三经注疏》之第一书，不可忽视。"正义"，就是"正确义理"的意思。

这套书，是唐朝统一南北之后，一项思想文化上统一的大工程。由孔子的子孙孔颖达主编，把几百年来混乱分歧的五经之解释，梳理了一遍。

我觉得此一思想统合的工作，对我们这个预期统一的时代很有启发性，《〈周易正义〉研究》也是其中最重要的一本。因此，四十年前我就写过《孔颖达〈周易正义〉研究》一书，对它做点研究。

一、易学正轨

我那书有两条史学的线索。第一是想说明易学史上三个大家搞错了上千年的问题：（一）王弼与汉《易》的关系，王弼真扫象吗？答案是 NO；（二）南北朝易学之流布，是否如《北史·儒林传》讲的是南王弼、北郑玄？答案也是 NO；（三）南北朝易学最后统合于王注，王注被唐代采为《周易正义》之依据，但唐人疏是否真依王，疏不破注？答案还是 NO！

第二，还要讲三个大一点的历史问题：唐人为何要大规模修纂《五经正义》？经典之再解释，对唐代帝国之意识统合到底有何作用？又显示了什么学术史的意义？

以上这些是属于史学的，底下这三个问题则是哲学的：一、作为"三玄"之一，《易经》在魏晋玄学中之作用如何？过去大家只注意老庄，好像玄学就是老庄。二、大家都知道，佛教进入中国，晋以后开始以老庄"格义"。但佛家也开始解《易》，关注的人就少了，更有谁研究过它在义理上的是非？三、宋代理学，大家都推源于韩愈、李翱，由中唐讲起。但理学家讲太极、讲理气、讲中庸、讲阴阳，是由李翱、韩愈讲下来的吗？会不会都忽略了南北朝、隋唐易学这一线索？

我的书处理的这些问题与所得初步之答案，极为重要，为昔人所未及知。但如今讲史学、讲哲学的朋友，似乎不甚读《易》，也不太知道我的研究成果，还在那里乱扯，颇觉遗憾。

魏晋间论《易》，发展象数者为陆绩、虞翻，黜象者为钟会、王弼。然王注本有扫象未尽者，当时人亦多以为象不可废。

嗣后，梁、陈国学并行郑玄、王弼二注，齐且唯传郑义；北朝以郑玄、王肃为主，河南及青、齐间则有讲王弼《易》者，可见王氏扫象之说并未定为一尊。

孔氏《五经正义》综合南北，虽以王注为基础，但对象数之立场不同于王。发明卦爻义例、阐明象数、论十二月消息卦、谈卦气与六日七分，又据数言体，云初上无位、大衍六义，旁采《易纬》，于九六之外更言七八，可谓洋洋大观，补正王之处甚多。昔人不知此基本立场，遂以为孔氏宗本王弼，疏不破注，以致糊涂了一千多年。

王弼注，于魏晋玄学中特胜。然今人但知魏晋为玄学，为老庄，仿佛"经学儒学的汉代"与"老庄玄学的魏晋"适成一对比，遂由此制造了无数文章、无数学位职称。其实皆可笑。

玄学指一种治学之角度、方法、眼光，类似今天讲的哲学，并不只谈老庄或以老庄为主。这种方法，可讨论言意问题、历史问题、名教问题、自然问题等，超超玄著，颇涉及形而上层面及价值意义；与从前考礼制、诂文字之类征实之朴学方法不同，所以才成为一种特色。

老庄固然可以用这方法去讨论,《易经》也一样。此外,"《才性四本》《声无哀乐》,皆言家口实","裴仆射善谈名理,混混有雅致;张茂先论《史》《汉》,靡靡可听;我(王衍)与王安丰说延陵、子房,亦超超玄著"。谈的东西多哩,哪就都是老庄?

其中,《易》注在南北朝,可考者一百多种,其中即有许多濡染风气,采取这种方式论《易经》。但有趣的是,与老庄结合者并不多,主要是结合了佛教空宗义学。

早期格义,是以般若性空去附会老庄之"无"。但般若学"六家七宗"以后,渐转回佛家本位,大阐空义;而对老庄的兴趣也转向了《易经》,开始用佛理解《易经》。许多解《易经》的儒者也如此。

孔颖达对此风气却是不满的。他在《周易正义》的序文中明确批评:"原夫易理难穷,虽复'玄之又玄',至于垂范作则,便是有而教有。若论住内住外之空、就能就所之说,斯乃义涉于释氏,非为教于孔门也。"这部书的宗旨之一,便是分判儒佛。

之所以如此,有当时"三教讲论"的制度环境因素,故亦可由此观察唐初思想界大势。

而此后这个大势也越来越明晰,儒家主流,不论吸不吸收佛教,态度或方法都必是分判儒佛。佛教解《易经》之风此后虽然也一直不断,但毕竟未成体系,具体专著只有蕅益的《周易禅解》。一直到近代熊十力,更由《易传》发展出

"新唯识论"来区判儒佛，可说是一有趣的历史呼应。

故此后的儒学基调，不由韩愈始开，不能从中唐辟佛或陈寅恪所谓汉民族文化本位运动往下讲；儒者讲心性、理气、太极、体用等，更不能仅溯源于中唐或以为是宋儒才开始的。

当代新儒家偏于"理"一边，像牟宗三先生一定要说顺气言性就是材质主义，显不出理来，须逆气才能显理，才能进乎德行之门。大陆过去又常含糊笼统地把讲气的都称为唯物论，讲理的都归入唯心论。其实皆大谬，这是由孔疏可看得明明白白的。

至于清人力攻宋儒之讲太极图、讲主静，说那些本于道教与佛教，也同样于孔疏隔膜太甚。孔疏也早已说"天地养万物，以静为心"。又说："'天地以本为心'者，'本'谓静也。言天地寂然不动，是'以本为心'者也。凡动息则静，静非对动者也。天地之动，静为其本，动为其末，言静时多也，动时少也。若暂时而动，止息则归静……静非对动，言静之为本，自然而有，非对动而生静……天地寂然至无于其内也。"这些，哪需要旁求于道教？

总之，讲《周易》的人多重视些孔颖达的《周易正义》，对易学史、思想史就不会人云亦云，甚至可以重新勾勒体段了。

二、采撷南学

这里举个大思想趋势的问题来看。

陈寅恪《隋唐制度渊源略论稿》《唐代政治史述论稿》之后，大家都喜欢说唐代的北朝渊源。其实在思想文化上，南朝渊源才更重要。

你看《隋书·元善传》即称，元善善讲《左传》，初发题，即为何妥所难。后来，张说《荆州玉泉寺大通禅师碑铭并序》说，神秀少为诸生，游学江表时，能通"老庄玄旨，《书》《易》大义"。再后来，《新唐书》称柳公权"博贯经术，于《诗》、《书》、《左氏春秋》、《国语》、庄周书尤邃。每解一义，必数十百言"。

此数人，皆兼通儒玄，又多讲《尚书》《易经》《左传》。则此数书殆皆为当时清言所萃，旨供讲论，非北方那种征实考证之学。《周易正义》也择用南学，风气正如张说以"《书》《易》大义"匹俪"老庄玄旨"。

儒玄合流，蔚为风气。故唐人所撰《隋书·经籍志》叙道家曰："圣人体道成性，清虚自守，为而不恃，长而不宰……其玄德深远，言象不测。先王惧人之惑，置于方外；六经之义，是所罕言。《周官》九两，其三曰师，盖近之矣。"直接把儒道合起来说同出《周官》。《隋书·儒林传》更说："大抵南人约简，得其英华，北学深芜，穷其枝叶。"因此，他们纂疏五经，以南学为本，势所必至。

本来，孔颖达在隋，受业于刘焯，乃是北朝的学脉，故编此大书，不免常有宗奉师说之处。《毛诗正义》以刘炫《毛诗述义》、刘焯《毛诗义疏》为稿本，《礼记正义》以皇侃本为主，以熊安生本补其未备，并补皇、熊两本不足，都是大家知道的事。清刘文淇《左传旧疏考正》更说他所删定者，谨驳刘炫说百余条，余皆光伯旧疏。可见其书"统合南北"，自有采自北朝者。

但《周易正义》却不是这样。刘毓崧《周易旧疏考正》不知此理，以为《易》疏多旧文；且未审义、疏之由来，遂以为疏不破注、孔不异王。于是《周易正义》中，凡跟王弼不同的，咸以为非颖达笔，为抄撮、为盗袭、为拼凑、为矛盾。全搞错了。

《周易正义》释义先以王弼为本，旁引汉魏南北朝诸说以供参证，有驳有断，有议有辩，与《尚书》《诗经》《礼记》诸疏之参据旧疏、杂出众手者不同。其以王弼为本，也非即依循弗敢叛；《毛诗正义》之全采二刘者，犹多削删，又何爱于一王弼？

三、通玄排佛

《周易正义》融合儒、道之外，另一立场是排佛。

唐代皇室虽然尊奉道教，但思想大势仍是个三教竞争的局面，所以每年都还举办"三教讲论"的辩论会。

在此局势中，儒家之策略是拉拢道家、抨击佛教。孔颖达即此中健将。

《周易正义·序》说，"魏世王辅嗣之注独冠古今。所以江左诸儒，并传其学；河北学者，罕能及之。其江南义疏，十有余家，皆辞尚虚玄，义多浮诞。……若论住内住外之空、就能就所之说，斯乃义涉于释氏，非为教于孔门也。既背其本，又违于注。……辅嗣注之于前，诸儒背之于后，考其义理，其可通乎？……今既奉敕删定，考察其事，必以仲尼为宗；义理可诠，先以辅嗣为本"。

可见他于汉魏南北朝诸家，独宗江左；江左诸氏，又以王弼（辅嗣）为本。

但这毕竟是孔颖达的偏见或论说策略。他喜好王弼注，所以说江左传习，河北莫及。其实《隋书·经籍志》说，郑玄、王弼二注，梁、陈列于国学。齐代唯传郑义。南朝非唯不专用王义，甚至曾废王而传郑。北方则《北史·儒林传》言，河南及青、齐之间，儒生又多讲王辅嗣所注。所记恰好与孔《周易正义·序》相反。

故曰：江左河北之分，未得理实；而王弼所注，亦非江南义疏家之宗本。所谓"江南义疏，十有余家，皆辞尚虚玄，义多浮诞。……若论住内住外之空、就能就所之说，斯乃义涉于释氏，非为教于孔门也"，以其为佛徒之言也。

盖东汉以降，谈辞云起，玄学与经学合流为一种。另一

179

种则想和儒、佛，如谢灵运《辨宗论》所谓佛主一极，孔言能至，合之而有顿悟之说者。南朝梁皇侃所撰《论语集解义疏》，"刻画瞿昙，唐突洙泗"；《南齐书》称刘瓛"承马、郑之后，一时学徒以为师范"，而时与僧人往还；讲《法华经》之慧基，瓛与张融并申之以师礼，崇其义训；讲《涅槃经》《成实论》之法安，瓛与张融、何胤等并禀服文义，共为法友。瓛有《周易系辞义疏》，何胤有《毛诗隐义》等作。又如宋文帝以雷次宗主儒学馆，而次宗即为慧远弟子；王俭论《易经》，兼采郑、王，而奉法瑗为师、举昙济以自代等都属于这一路。

当时佛徒经常比附儒书，故论《易经》而有语及"住内住外之空"者。颖达深恶之。

四、补正王注

不知道你有没有注意到我前文曾提到一个术语——"疏不破注"。

这是说替古书做批注，基本上是服务性质，是要让读者更清楚古书在讲些什么。所以，不会去批评它哪里不对，哪里不好，只是顺着作者的思路与文脉去讲。疏，是对批注的再解释，当然也不会破注。

传统的理解即是如此。可惜，错了。一、义疏是一种魏晋以后发展出来的批注，不是对批注的再解释。二、学术工作，不可能曲意维护错误，如果作者或文本真的错了，当然会指出来，怎么可能"疏不破注"？

孔颖达对王弼错误处，就多有补正。

补王，是因《易》理多途，王所得者隘；王意所无，《易》理应有，当释而补之，以救其阙。如《恒》'亨，无咎，利贞'，注云："恒而亨，以济三事也。恒之为道，'亨'乃'无咎'也。恒通无咎，乃利正也。"疏曰：

> 褚氏云："三事，谓无咎、利贞、利有攸往。"庄氏云："三事者，无咎一也，利二也，贞三也。"周氏云："三事者，一亨也，二无咎也，三利贞也。"《注》不明数，故先儒各以意说。

又，《涣》之《象》曰"疏："先儒皆以此卦坎下巽上，以为乘木水上，涉川之象，故言乘木有功，王不用象，直取况喻之义，故言此以序之也。"又，"《象》曰"疏："'风行水上，涣'者，风行水上，激动波涛，散释之象，故曰'风行水上，涣'。"核论象数，皆王注所无，言以补之。

正王，是王所忽略或谬失者，补而谠正之，与补王略同，而义与王殊，非仅就王说稍事补苴而已。

如《乾》："初九：潜龙勿用"，《文言》："初九曰'潜龙勿用'，何谓也？子曰'龙德而隐者也。不易乎世'"。王

注："不为世俗所移易也。"孔疏则云"'子曰龙德而隐者也'，此夫子以人事释'潜龙'之义"。骤视之，孔义似与王同，其实不然。孔以龙之象论，其背后有一套汉儒的气运说。所以孔解初九之爻象云，"龙者，变化之物。言天之自然之气起于建子之月，阴气始盛，阳气潜在地下，故言'初九潜龙'也。此自然之象"。王是不信这一套的。

马融曾说："物莫大于龙，故借龙以喻天之阳气也。初九建子之月，阳气始动于黄泉。既未萌芽，犹是潜伏，故曰'潜龙'也。"孔疏本此，与王注之决不言阴阳及卦象者迥异。

又，《易经·乾·文言》："'终日乾乾'，与时偕行。"注云："与天时俱不息。"疏曰："'与时偕行'者，此以天道释爻象也。所以九三乾乾不息，终日自戒者，同于天时，生物不息，言'与时偕行'也。偕，俱也。诸儒以为建辰之月，万物生长，不有止息，与天时而俱行。若以不息言之，是建寅之月，三阳用事，三当生物之初，生物不息。同于天时生物不息，故言'与时偕行'也。"

十二月消息卦，建辰当春三月，建寅当春正月，都是汉儒遗说，孔之异王，这种地方最明显。清人批评孔疏"曲徇注文""墨守专门"，真弄错了。

五、综合南北

孔疏不墨守王弼的意义，在于综合汉魏南北朝诸儒《易》注讲述以释经旨。其所以调合南北、权衡上下者，不在于本王，而在于博收。凡汉魏南北朝遗文佚书之见诸《周易正义》者，凡二十六家，一百六十九条：

子夏《易传》	十二条
薛虞《周易记》	一条
孟喜《周易章句》	二条
京房《周易章句》	一条
马融《周易注》	十五条
郑玄《周易注》	二十七条
荀爽《周易注》	二条
刘表《周易章句》	二条
虞翻《周易注》	二条
陆绩《周易注》	四条
姚信《周易注》	五条
王肃《周易注》	十二条
何晏《周易解》	一条
董遇《周易章句》	二条
向秀《周易义》	一条
王廙《周易注》	三条
孙盛《易象妙于见形论》	一条

刘瓛《周易系辞义疏》	二条
顾欢《王弼易二系注》	一条
褚仲都《周易讲疏》	十九条
周弘正《周易讲疏》	十四条
张讥《周易讲疏》	六条
何妥《周易讲疏》	九条
崔觐《周易注》	一条
卢氏（拟即卢景裕）《周易注》	一条
庄氏《周易注》	二十三条

总之是大综合以成其大创造，替唐代开一新格局，也为后来者开了门径。

举一个例子。《四库全书总目提要》尝分古来易学为两派六宗，以为宋之杨万里始开参证史事一系。杨氏《诚斋易传》二十卷，多本伊川而引史传事参证之。

然而我们若看孔疏《乾》之"上九：亢龙有悔"曰："故郑引尧之末年，四凶在朝，是以有悔未大凶也。"此即引用史事了。不特引史籍以证义，亦有引史以说义者，如"《乾》九四"疏"若宋襄公与楚人战而致败亡"，"《乾》九二"疏"若夫子教于洙泗，利益天下，有人君之德，故称'大人'"等，也都如此。发展即在传承中，所以特别值得注意。

一个杜撰的魏晋玄学时代

　　谈思想史、哲学史，常用的名目是：汉代儒学、魏晋玄学、隋唐佛学、宋明理学、清代朴学。在这样的大标目下，隐藏着一种断裂的历史观。例如魏晋玄学是为反对汉代经学而生，宋明理学是为反抗隋唐佛学而生，清代朴学则是为反对宋明理学而生的。在历史因断裂反动而激生新变的情况下，魏晋一段，就被解释为对汉代儒家经学礼法的反抗，因此提倡老庄，玄言清谈，破弃礼法，崇尚自然，蔚为风气。这种风气，起自汉末，下及六朝，而最足以显示其思想特点的时期则是魏晋，故通常以"魏晋玄学"来概括这个阶段。

　　长久以来，"魏晋玄学"给了人无穷的想象。破除礼法、自由浪漫、发现自我、自觉、解放、清谈老庄、放诞疏狂、美的觉醒等一切现代人喜欢的东西都打扮到它身上。文学界、艺术界也常对这个标签发出魔性的迷恋。

一

但这个讲了很长时间的故事，其实出于无知。因为论者抓到一些现象，扩大了或扭曲了看，于是大谈一个反经学、反儒学、反礼教的玄学时代。忘了或者根本没有社会史的常识：魏晋乃世族门第社会，最讲究礼法。那时，儒学、礼教比汉代更盛。儒者不仅兴学、议礼，还本着儒家义理，经世理政，进行社会风俗批评，或讨论儒佛关系，复位老庄地位，以名教衡人论史。

宣扬魏晋精神的先生，无不推崇"竹林七贤"。可是七贤恰好就是备受批评的。如《晋书·列传第六十四·隐逸》云，戴逵"常以礼度自处，深以放达为非道"，《竹林七贤论》批评说："竹林诸贤之风虽高，而礼教尚峻。迨元康中，遂至放荡越礼。乐广讥之曰：'名教中自有乐地，何至于此？'乐令之言有旨哉！谓彼非玄心，徒利其纵恣而已。"《竹林七贤论》称赞七贤早期崇尚礼教，而抨击他们后来的纵恣放荡。

范宁则批判何晏、王弼"罪深于桀纣"。他是注解《春秋穀梁传集解》的儒家大将，任豫章太守时，在郡大设庠序，远近至者千余人。他批何晏、王弼，也强烈表现了儒家的观点。所以骂王、何"蔑弃典文，不遵礼度，游辞浮说，波荡后生，饰华言以翳实，骋繁文以惑世。……遂令仁义幽沦，儒雅蒙尘"，导致中原板荡。

干宝谈阮籍、嵇康，也是如此。《晋纪总论》说，"学者以庄老为宗而黜六经；谈者以虚薄为辩而贱名检；行身者，以放浊为通而狭节信"。风俗之坏，导致国家衰亡。而其中阮、嵇尤为指标人物："故观阮籍之行，而觉礼教崩弛之所由；察庚纯、贾充之争，而见师尹之多僻"。口吻不是与戴逵、范宁极为相似吗？干宝固然是史家，也写过《搜神记》，并不像范宁纯为儒家，但其论调与范宁相仿，不就可以看出一个时代的风气吗？

与干宝相似者，为郭璞。郭璞以作《游仙诗》著称，又曾作《山海经注》。但他认为《尔雅》是六艺之钤键，而且他自己钻研了二十多载，对前此十几家注解都不满意，所以才要自己来作注，以便学者能"通诂训之指归，叙诗人之兴咏"。他批注《山海经》也是如此。一方面他用《竹书纪年》《史记》来印证《左传》中对周穆王西征的记载，批评谯周等儒者未能考及《竹书纪年》，不能称为"通识瑰儒"。另一方面强调，"博物不惑，多识于鸟兽草木之名"，"圣皇原化以极变，象物以应怪，鉴无滞赜，曲尽幽情"！也就是说，与志怪搜奇的干宝相似，他固然也博物志奇，可是整个思想是儒家式的，其行为也自觉地纳入儒家思想体系中去寻求解释。

戴逵其实是非常能欣赏道家式生活形态的人。其《闲游赞》大谈适性逍遥之趣，自云"我故遂求方外之美"。可是在做社会风俗批评时，戴逵却如此强调不可害"名教之体"，岂不足以见一时风气？

盖自处可以有养生恬适的趋向，论风俗则终要以儒家礼教为依归。殷茂说"臣闻弘化正俗，存乎礼教，辅性成德，必资于学"，就是这个意思。同时，这也可以看出时人可以谈玄、说怪、说神仙，也可以追求适性逍遥的生活，但却不能因此便归入老庄。郭璞、戴逵都是如此。《道学论》言许迈"与王右军父子为世外之交。王亦辞荣，好养生之事"，也仿佛此类。

王右军父子是天师道。许迈是上清道，这个道派正是奉《上清大洞真经》而看不起老庄的。而且，社会风俗批评的主流，乃是礼教、名教。对神仙老庄，要不就斥为造成社会浇薄、纲维瓦解的原因；要不就采分裂认同，觉得在某些领域、某些状况中，可以承认神仙存在，甚或可以养生求仙，远游以求道，但"弘化正俗"依然要仰赖礼教。再不然，就把老庄神仙归摄在儒家阵营之中，以获取存在的合理性。

二

礼教之提倡，不只用在社会风俗批评，期以导正风教，更指向政治，希望能具体改善施政措施及士大夫从政的态度。

举例言之，郭璞即有《省刑疏》，以"臣闻《春秋》之义，贵元慎始"开端，然后说他根据卦象推察，觉得阴气过重，阳气不舒，天象也不好，这都是"刑狱充溢，怨叹之气所致"。

那要怎么办呢？他说："臣谨寻按旧经，《尚书》有五事供御之术，京房《易传》有消复之救"！依儒家经典提供的消灾解厄之法，帝王应改变政策，重德省刑。此处，他是先以汉儒解《春秋》时那一套灾异之说，耸动人主，再来要求帝王"贞明仁恕"，"应天顺时"。基本观念是天人符应、崇德轻刑。论述非常接近西汉儒家，特别是今文学家以经义说谏时事的作风。以灾异、天人符应为说，亦是如此。

接着，他趁皇帝生孙子上疏，又再次建议省刑罚："臣窃惟陛下符运至著，勋业至大，而中兴之祚不隆、圣敬之风未跻者，殆由法令太明，刑教太峻。"郭璞如此锲而不舍，为民请命，殊不愧为一儒者。

另外，他还提出"平刑"之说。平刑，是说"刑无轻重，用之唯平"。怎么平？依据成文法所规定的来办，就可以平，不至于任情抑扬。所以郭璞说："且律令以跨三代，历载所遵，未易轻改者也。是以刑法不专，则名幸者兴；政令骤变，则人志无系。"郭璞此说，颇有呼应者。

本来，法律既定为成文法后，似乎就应依法执行。这个原则看起来没什么问题，但实际上争论很多。例如"杀人者死"。杀人的情况千奇百怪，有逞凶杀人者、有过失杀人者、有报仇者、有报恩者、有误杀者、有波及者，有因自卫而杀、有为家国而杀……杀人的原因与情形非常复杂，非法律条文所能完全预想与规范。因此执法者除了法条之外，还须考虑具体的情况来"量刑"。但也由于如此，法律就多了许多斟酌衡量的空间，钻营苟且，或以权，或以利，在其间运作的情况也就发生了。一个杀人者，只要有权有势有钱有办法，就不难被认定为是因自卫杀人而省其刑。主政者若讨厌你，你也很容易因小过而被处重刑。

郭璞因而主张平刑，主张议狱应依律令。律令之外，也非全无讨论的空间，可是这个弹性也不能漫无标准，应依经传及前此故事。这个意见，显然充满了儒家色彩，谓立议须引经传，颇有汉儒引《春秋》断狱的味道。据《晋书·刑法志》载，元康初，三公尚书刘颂上疏，侍中、太宰、汝南王司马亮亦上奏，于是门下属议，也都提到"平法律"的观念，说："昔先王议事以制，自中古以来，执法断事，既以立法，诚不宜复求法外小善也。若常以善夺法，则人逐善而不忌法，其害甚于无法也。"说法与郭璞、熊远基本上是一致的。诸如此类，论崇德、省刑、平法、举士、远怪、理政各项，都可看出当时儒者援引经义或本着儒学来批判时政。

三

对于战乱导致儒学荒废的现象，他们也一再建议应重新恢复。如孔坦《奏议策除秀孝》说："臣闻经邦建国，教学为先，移风崇化，莫尚斯矣。古者且耕且学，三年而通一《经》……自丧乱以来，十有余年，干戈载扬，俎豆礼戢，家废讲诵，国阙庠序，率尔责试，窃以为疑。"对南渡后学校未兴的情况他深表不满，因此具体建言：（1）察举应举行策试；（2）策试均应问经义；（3）崇修学校。

建孔庙、兴学校、立博士、规定公卿子弟入学，其实代表了儒学与国家意识形态、政府官僚体制再度紧密地结合，具有高度象征意义。所以也才有那么多儒者不断呼吁，认为此类措施足以巩固"王化"，改善政治上的偏差。

但儒家不是只存在于官方。《晋书·列传第六十四·隐逸》云，祈嘉通经传，西游海渚，教授门生百余人。张重华征为祭酒，在朝卿士郡县守令彭和正等受业独拜床者两千余人。此虽已为官学，而实仍为私家。同传又云，霍原山居积年，门徒百数。宋纤，受业弟子三千余人。郭瑀，弟子从者千余人。凡此，皆可见儒学之盛。

晋武帝时汲冢古书大批出土，又为晋代学术史上一大事，对史料考证、征实学风有推进之效。例如泰始九年（273年）荀勖校太乐，八音不和，后依《周礼》制尺，再依尺铸铜律吕，以调声韵。汲冢中出土周玉律及钟磬，适与新律暗合。又魏初传古文者，出于邯郸淳，至正始中，立《三体石经》，转失淳法。汲冢所出策书，则犹与淳法相仿佛。

至于古史考证方面，涉及尤广。《晋书·司马彪传》："初，谯周以司马迁《史记》书周秦以上，或采俗语百家之言，不专据正经，周于是作《古史考》二十五篇，皆凭旧典，以纠迁之谬误。彪复以周为未尽善也，条《古史考》中凡百二十二事为不当，多据《汲冢纪年》之义，亦行于世。"司马彪与谯周，代表两种学术态度：谯周是笃守经传，不相信俗言百家及汲冢新出文献的；司马彪则大量参证竹书。郭璞接近司马彪。这也可说是当时笃守经义的儒家，和采取较开放态度且具史学倾向的儒家之间的差异。

汲冢竹书中经传亦甚多，有《易经》两篇；《易繇阴阳卦》两篇；《卦下易经》一篇；《公孙段》两篇，为公孙段与邵陟论《易》；《名》三篇，似《礼记》，又似《尔雅》《论语》；《师春》一篇，论《左传》诸卜筮。这些新出经传资料，对当时经学研讨风气当亦颇生激荡。

四

这时，对人物的评价，或所提倡的道德人格典范，当然仍旧是忠孝节义。桓温《荐谯元彦表》高谈"道丧时昏，则忠贞之义彰"，要求政府"旌德礼贤"，认为"方今六合未康，豺豕当路，遗黎偷薄，义声弗闻，益宜振起道义之徒，以敦流遁之弊"。诚足以见时人之想法为何。这些道德标准，具体施用于他们对人物的评价上，孝友忠勇者受旌扬，非是者受批评。其例至多，此处且以习凿齿对三国人物的评论为例来做观察。

习凿齿作有《汉晋春秋》，今不存。《晋书》本传载其《皇晋宜越魏继汉，不应以魏后为三恪论》殆为其中之一。此文以晋承汉统，为我国史学上正统论中一大文献，历来讨论者甚多，但大抵摸不着要领，不知此文其实要处理的，就是司马炎作为魏的臣子而竟篡位的不忠的问题。

他先是说魏之德不足以代汉而王："今若以魏有代王之德，则其道不足；有静乱之功，则孙刘鼎立。"其次，说司马懿仕魏只是迫于形势，"宣皇帝官魏，逼于性命，举非择木，何亏德美"？再则，进一步说司马炎是忠义的，因为魏对汉不忠，司马炎代魏继汉，正是为汉报复："宣皇祖考立功于汉，世笃尔劳，思报亦深。魏武超越，志在倾主，德不素积，义险冰薄，宣帝与之，情将何重！……非道服北面，有纯臣之节，毕命曹氏，忘济世之功者也。"最后还拉出孔子来背书："昔周人咏祖宗之德，追述翦商之功；仲尼明大孝之道，高称配天之义。"要人相信晋篡位得天下是合义且不违忠的，这当然是曲为晋饰的一套说辞。

但他为何如此努力地想为晋洗刷不忠之耻呢？不就是不忠者可耻吗？评三国其他人和事，习凿齿也处处以忠孝信义为说。如论先主到当阳，评曰："先主虽颠沛险难而信义愈明，势逼事危而言不失道。……其终济大业，不亦宜乎！"论庞统谏先主，则说"霸王者，必体仁义以为本，仗信顺以为宗……今刘备袭夺璋土，权以济业，负信违情，德义俱愆，虽功由是隆，宜大伤其败"。法正劝先主纳刘焉之子刘瑁之妻吴氏，习凿齿又评："夫婚姻，人伦之始，王化之本，匹夫犹不可以无礼，而况人君乎？"认为此举有违礼教。这些都显示了他是持忠孝节义之尺以度量人物的。

五

本儒家道德观念铨衡人物之外，更重要的是依之以议礼制。为何要议礼制呢？孔衍《乖离论》说得好，"圣人制礼以为经，常人之教，宜备有其文，以别彰其义。即今代父子乖离，不知自处之宜，情至者哀过于有凶，情薄者礼习于无别"。儒者议礼，本为其传统。一来是经典中对礼制的规定原本就有许多解释上的争论，故争议礼制，乃儒学中一大重点。二是礼者"时为大"，本来就须随时损益。经典所定，未必符合后世之需，故亦须再予讨论。历代议礼，均为儒者之要务。

但东晋的情况，又与以上两项原因不同。虽然上述两项理由所引发的讨论也不少，甚至因时重礼教，经学上对礼制的争议愈形热络。可是最足以考见该时代之特色者，却不在此等处，而是如孔衍所说的那一点：兵燹战乱，父子乖离，整个时代处在一个非常时期，故人亦不知该如何守礼。

孔衍另有一篇《禁招魂葬议》，就具体谈了这个状况。该文说，"时有没在寇贼，失亡尸丧，皆招魂而葬，吾以为出于鄙陋之心，委巷之礼，非圣人之制，而为愚浅所安，遂行于时，王者所宜禁也。何则？圣人制殡葬之意，本以藏形而已，不以安魂为事"。招魂而葬，实系不得已之举，人民逃难江左，父兄陷在中原，死了见不着尸体，只好招魂而葬。

孔衍却认为此举不合礼制，他在另一篇《答李玮难禁招魂葬议》说："祭必立坛，不可谓神必墓中也，若神必墓中，则成周雒邑之庙，皆虚设也。"干宝也反对招魂葬，认为："若乃钉魂于棺，闭神于椁，居浮精于沉魄之域，匿游气于壅塞之室……葬魂之名亦几于逆矣。"这是反方的意见。

支持的，除周生以外，李玮《宜招魂葬论难孔衍》说，招魂葬并非"委巷"之人，也就是民间不懂礼的人胡乱弄出来的。它既有前例，也合乎经义。史例如"伯姬火死，而叔弓如宋葬共姬，皆其证也。宋玉先贤，光武明王，伏恭、范逡，并通义理，亦主招魂葬，岂皆委巷乎"？经义的问题，则李玮说墓葬不只葬形，也用以藏魂魄。在宗庙祭享时，神灵才到宗庙来享用："且宗庙是烝尝之常宇，非为仙灵常止此庙也，犹圜丘是郊祀之常处，非为天神常居此丘也。《诗》曰'祖考来格'。知是外至也。"

折中两端而赞成此制者，则如公沙歆《宜招魂葬论》。他认为：若说人死了就神归于天，形归于地，委之自然，那是上古之法。依其法，招魂自无必要。后来有了墓葬之制，但制度简单，"宫不重切，墓不封树"，这时也无必要再去招魂。但时至近代，丧葬之礼益为繁复，"事存送终，班秩百品，即生以推亡，依情以处礼"，招魂自无不可，总之不过是孝子竭心尽哀罢了。

招魂葬在当时应是极普遍的，大概原先起于民间；故孔衍说它是委巷之礼，为愚浅所安，遂行于时。但贵族人家，不免也会有身死旧土，尸柩不能迎回江左安葬的情况。我觉得争论之起，一方面是因这种情况出于丧乱，故为古人所未及论，一方面则是南北风俗不同所致。正如张凭所说，"谨按礼典，无招灵之文"，在儒家经典中确实没有招魂的讲法。可是招魂之说，在屈原、宋玉时就已盛行于楚地，李玮举"宋玉先贤"以为支持招魂葬之先例，即本于此。逃难到南方的人，既无法将亡者骸骨移过来安葬，又正好南方有此风俗，便据此发展出一套招魂葬的制度，而激发了此礼是否符合儒家经义的争论。

这个争论的核心，乃是形神问题。主张不可招魂而葬者，认为形神分，葬者葬形，神则迎回家中，立主、立宗庙以处之，故可以祭神，不可以葬魂。主张可招魂而葬者，认为葬祭岂唯敛尸，亦以宁神，重在安神。前者谓形已不见，何必藏虚棺以奉终；后者谓神不灭，宜安厝以全孝心。在后来产生"神灭——神不灭"争论以前，关于招魂葬的争论是古代魂魄说逐渐转向形神论的过渡。

古说魂魄，大抵偏于说人的精神面，所谓"三魂七魄"。但王弼注《老子》，已将魂魄形神化，亦即以魂为神、魄为形，如第二十五章注"形魄不及精象"。考《老子》原

文是："载营魄抱一，能无离乎？"河上公注，"营魄，魂
魄也"，以"营"为"魂"，是汉人的通诂。《淮南子·俶真
训》说，"人之事其神而娆，其精营慧然而有求于外"。《法
言·修身》说"营魂旷枯"。"精营""营魂"，都是指精神、
精魂。可是"营"底下还有一个"魄"字，王弼的解释却完
全忽略"魄"，把"营魄"径释为"灵魂"。而第二十五章
注，"形魄不及精象"，把"形"与"魄"合起来说，又与
"精"对。第四章还注曰："地虽形魄，不法于天则不能全其
宁。""形""魄"也是合在一块说，且将之属于地，以与天对。

　　这不是把魂魄形神化吗？形归于地，神归于天，招魂而
葬埋于地，便因此而被张凭、干宝等人认为不妥。魂魄形神
之分以及如何安立形神，也才逐渐成为一个理论上的问题。
这是招魂葬争议在思想史上值得注意的地方，可惜过去都忽
略了，谈魏晋思潮者，殆无人齿及焉。招魂葬是否合礼，只
是当时议礼制之一端，当时论祭、丧、婚、服、名、讳、谥、
葬、郊祀、明堂、宗庙等极多。且议礼非只为诂经，多为时
事而发，斯则历来论经学史、魏晋思想史者所未知也。

六

　　这类礼制的讨论，都针对时事发言，欲以礼正俗，且均
据经义以为断。所谓礼教，即具见于这类制度规范之中。而

名教、礼教云云，也因此不只是一项学说、一种倡议，乃是落实于生活世界中的制度化行为。

这时，再来看庾翼所说："王夷甫，先朝风流士也，然吾薄其立名非真，而始终莫取。若以道非虞夏，自当超然独往，而不能谋始，大合声誉，极致名位，正当抑扬名教，以静乱源。而乃高谈庄老，说空终日……既身囚胡虏，弃言非所。……而世皆然之。益知名实之未定，弊风之未革也。"由这一类话，就知道风俗在儒学经世，而不在虚玄任诞。

老庄的地位继续下降。王坦之《废庄论》诟老庄坏名教、颓风俗；葛洪直言老子、文子、庄子、关令尹喜之徒皆"永无至言"。孔老，也渐渐不再能蔚为论题了，没有人辩孔与老或自然与名教之异同。

殷浩高谈老庄，便要遭庾翼之痛批。王坦之要废庄，孙盛则要非老。孙盛的《老聃非大贤论》曰，"老子之作，与圣教同者，是代大匠斫，骈拇咬指之喻；其诡乎圣教者，是远救世之宜"。批判老子，不遗余力。孙盛另有《老子疑问反讯》一篇，指摘老说尤力，谓其说"皆世教所疾"。老子是知道者而非体道者，其说法往往自陷于矛盾，看起来似乎要救弊，实则"非唯不救，乃奖其弊"，跟儒家比起来差多了。老庄在这个时代之声价，由此可见一斑。孙盛是史家，著《魏氏春秋》《晋阳秋》等。他如此笃意名教，菲薄老庄，殆亦可见当时史家之风气。

除前引的习凿齿外，袁宏即甚似孙盛。袁宏《后汉纪·序》表明："夫史传之兴，所以通古今而笃名教也。丘明之作……荀悦才智经纶，足为嘉史，所述当世，大得治功已矣。然名教之本，帝王高义，韫而未叙。"所以他才要作《后汉纪》。此即显见他认为史著最重要的功能就是要"通古今而笃名教"。他在《三国名臣序赞》中大赞荀彧"名教有寄""大存名节"，张昭、虞翻众贤"出处有道，名体不滞"，"名节殊途，雅致同趣"，也都可以印证其所言。

七

可是我们过去讲魏晋玄学的朋友，对孙盛、袁宏这些言论却视而不见，只一味地说魏晋是个玄风大盛的时代，时尚老庄、儒学式微、礼教大废、人以放诞为高。

东晋这一段，要不就略过不谈，如刘汝霖《汉晋学术编年》只编到晋愍帝建兴四年（316年），东晋完全不提。牟宗三、任继愈论魏晋，也只谈到裴頠、郭象为止，或以《列子》为东晋哲学之代表。

有少数论者注意到了东晋，但基本上也是以"老庄玄言的时代"为之定性。如狩野直喜论郭璞，就只谈及他的《游仙诗》，且将之与老庄清谈、老庄学昌盛合论；谈李充、袁宏、孙绰、殷仲文、谢混等，也都是说偏安江东，耽于老庄，人乏勇往之气象，偏好自然云云。

王葆玹《玄学通论》情况相仿，于东晋由王导提倡嵇康学讲起。不知王导虽善言"言尽意""声无哀乐"等，乃是善于论"声无哀乐"的道理，且能以其理通之于其他事物，非提倡嵇康破礼法之学，何况"言尽意"也非嵇康之说。于王导以后东晋礼法名教之谈，王书又都不措意，偏搜一二谈玄之文献，以证正始玄风犹畅于江左，岂不谬哉？

楼宇烈先生甚至因袁宏曾作《正始名士传》，便云袁宏乃玄风之鼓吹者，对袁宏的名教史学，也可说是完全无视了。

吕思勉《两晋南北朝史》第二十三章《晋南北朝学术》则谓放荡不拘礼法者，"东渡以后，流风未沫。江表之能玄言，初不自东渡后始，特东渡后此风愈盛耳"，将玄风、清谈、放荡不拘礼法者混为一谈。其实晋时人物，有受老庄影响，或借口老庄而为放诞之行者；亦有喜谈论、喜清辩者；谈者中亦有喜欢说玄理者。三者并不相同。例如吕先生引《晋书·列传第六十·良吏》，潘京"举秀才，到洛。尚书令乐广，京州人也，共谈累日，深叹其才"，以证东渡以后善清言、遗世事、放荡不拘礼法之风未沫或且愈盛。姑且不说潘京、乐广均非渡江人物，乐广更是反对魏与西晋时人放荡不拘礼法。他们是清谈，但清谈甚或玄言，都不能与老庄之风或放荡不拘礼法画上等号。

而且，吕思勉其实已注意到："世皆称晋、南北朝为佛老盛行、儒学衰微之世，其实不然。"（《两晋南北朝史》第二十三章第三节）但他仍把这一时期称为玄学时代，且说"自正始至祯明之末，历时凡三百五十年，通东汉之世计之，亦可云天道五百年而一变矣"，认为玄风起于东汉，直到梁陈。这不是自相矛盾吗？

自我矛盾，来自认知错乱。认知错乱，由于误信标签。乱贴标签，起于革命需要。需要革命，是想拯救自己。然而，把历史当小姑娘任意打扮了，把别人的青春甚至性命也牺牲了。

你读遍了《四库全书》，我们才算志同道合

做中国学问的人，这几百年来，第一参考用书，恐怕就是《四库全书总目提要》。

这书既是《四库全书》中各本书提要之总汇，刊本与书前提要当然是一致的。世人也一直以为如此，从来没人怀疑过。

没人怀疑过，也由于书多藏在皇宫，极少有人看过。

我曾以无上机缘，在台湾读过文渊阁本《四库全书》，又在杭州读过文澜阁本。北上承德避暑山庄，欲读文津阁本，却发现亭台楼阁都在，而书早已搬到了北京。遂又回北京，设法读了它。继而往沈阳，访文溯阁本《四库全书》，竟也书去楼空，徒留怅惘。后来才知书在兰州，乃又跑去看了。

都看了，才发现有两个主要问题。一是《四库全书》一

套抄成几份，虽分藏各处，可毕竟是同一套书呀，谁知道却是各本差异颇多呢！二是《四库全书》所收的书，都做了提要。后来更把每本书前的提要汇总起来，编成了我前面说过的《四库全书总目提要》（以下简称《总目》）。可是我拿来跟阁本一对，才晓得原来也有许多不同。

这都是从前人没注意到的。只有1920年，陈垣先生因为想要影刊《四库全书》，查验文津阁本，才发现阁本提要和通行本《总目》并不一致。于是和阙铎、陶湘、尹炎武等人共同清校，并倡议影印阁书提要，以与《总目》雁行，俾便学者考异。

可惜此一呼吁并未获得重视，阁本提要与《总目》之异，学界迄乏研究。直到1989年，黄爱平《四库全书纂修研究》第十二章第三节"《四库全书总目》与阁书提要的比较"才扩大比较了文渊阁本、文津阁本、文溯阁本与《总目》的差别。

据黄氏说，她比较过近百种提要，发现阁本提要与《总目》之不同，大略有下列几种情况：一、润饰文字；二、划一体例；三、增删内容；四、全篇改写。因此，她认为阁书提要还不是很成熟，属于定稿过程中的一种状况。

但黄氏具体谈的不过十例左右，不足以反映全部情形。而且阁本提要与《总目》之优劣是非也并不能如此简单概括。举几个例子：

《字鉴》。《总目》说作者"其始末则无考也"，文津阁本却说"盖以弟子员着籍者也"。

《汉隶字源》。《总目》只说"宋娄机撰"，文津阁本就详细得多，作"机，字彦发，嘉兴人，乾道二年进士。宁宗朝累官礼部尚书兼给事中，权知枢密院事，兼太子宾客，进参知政事，提举洞霄宫。事迹详《宋史》本传"。这些都比《总目》详细且有用。

又如《埤雅》。《总目》在介绍作者陆佃时，只说他"历转至左丞"，文津阁本就说得具体："历官至尚书左丞"。《总目》云，佃曾于神宗时召对，文津阁本也记得较明白，是陆佃"预修《说文》，进书召对"。而陆佃的学术，《总目》以其书多引王安石《字说》，判断"其学问渊源则实出安石"。文津阁本不然，只说他"学问则未尝有异于安石"。陆佃学术与安石不异，是现象的描述；若说其渊源出于安石，就推测得远了，仅有解释字义之法与安石相似，并不足以支持这样的推论，须有其他的证据。故两相比较，文津阁本均较优长。

当然这也不是说文津阁本就较好，而是说《总目》与阁本之不同，正堪比较，未可抹杀。其差异便是它的价值所在。黄爱平先生说它只代表《总目》在定稿过程中的一种状况，其实未必。

例如，《总目》在卷首凡例中特别说明了宋贾昌朝《群经音辨》，原隶经部小学类二的字书之属，后总纂官们再加审核，认为此书汇集群经音义，"丝牵绳贯，同异粲然"，应该属于训诂类。所以才改隶小学类一，放在《匡谬正俗》之前，《埤雅》之后。可是文津阁本次序不同，是在《匡谬正俗》之后。这让我们知道当时对一本书该放在什么位置，是有斟酌的。

过去学者对这些不同，不甚留心；或是因闻见不广，未知陈、黄诸先生之提示；或由于《四库全书》阁本深闭固藏，不易得窥，更休说要持相比勘了。

我因机缘凑巧，各阁本均曾寓目，又发起重印文津阁本的工作，故于文津阁本与《总目》之异同，花了点小功夫对勘了一下，才发现它们的差异确实极多。

文津阁本与《总目》的差异，有不少是意义差别不大的字句。如郑樵《尔雅注》，《总目》批评他坚持《尔雅》是江南人作，不免"偏僻之过"，文津阁本作"偏执之过"。《方言》多讹脱，四库馆臣整理之余，又"具列案语"以疏通证明；文津阁本作"具列案语如左"。这一类差别很多，但无关宏旨，大部分可以不出校记。

另一种不必一一说明者，为体例。《总目》的写法，是先写书名，次记卷数，再记采用底本，然后才作提要说明。说明时，先叙作者名字爵里。若作者另有著作已收录于《四库全书》，则言明已著录，以供互见。如"《古音丛目》五卷，《古音猎要》五卷，《古音余》五卷，《古音附录》一卷。浙江巡抚采进本，明杨慎撰。慎有《檀弓丛训》，已著录"。文津阁本体例不同，书题只作"古音丛目"，提要则以"臣等谨案"开头，接着由"《古音丛目》五卷，《古音猎要》五卷，《古音余》五卷，《古音附录》一卷"讲起。结尾则记载校写时间，如这一本就是"乾隆四十九年三月恭校上"。文津阁本大多均是在本年校写，但也有少数在其他年份，例如宋邵伯温《易学辨惑》写于乾隆四十五年，郑刚中《周易窥余》、都絜《易变体义》、赵善誉《易说》写于乾隆四十六年之类。经部小学类中，除《尔雅翼》校写于乾隆四十八年，《切韵指掌图》校写于乾隆四十六年外，均是乾隆四十九年校写的，因此也不必一一介绍。

从价值上说，文津阁本不说明所采用的底本，是个缺陷，误字显然也较多。如《群经音辨》提要谈到扬雄《方言》，文津阁本误作"《方能》"。《续方言》提要里说"楚人名蔆曰芰"，文津阁本也把"楚人"误写为"楚同"。又《说文解字》提要说到吕忱《字林》，"忱书并不用古籀"，文津阁本漏了一个"书"字。《五音集韵》提要谓作者韩道昭"等韵之学，亦深究要眇"，文津阁本作"渺"，都是抄错的例子。

《四库全书》内廷四阁复校，是乾隆五十七年（1792年）结束的。结束后，纪昀等人又对《总目》重新核校修改了一遍，乾隆六十年才校勘完竣。因此文字上的疏漏讹误比阁本提要少是必然的。幸而文津阁本这类误字，也极少严重到会影响文义的地步，因此也可说是无关宏旨。

较关宏旨者，是《总目》之按语，文津阁本多无之。

按语本来就是考辨用的，一种是在提要末尾特出按语，一种是在文中作考辨。如《说文解字》结尾附按语一大段，文津阁本无。《广雅》最后则把按语直接写在文末，说："考唐玄度《九经字样·序》，称音字改反为切，实始于唐开成间。宪虽自隋入唐，至贞观时尚在，然远在开成以前。今本乃往往云某字某切，颇为疑窦。殆传刻臆改，又非宪本之旧歟？"这段，文津阁本亦无。这类例子很多，大大增加了《总目》的价值。

但情况也不可一概而论。即以前举《说文解字》来说，《总目》的按语长达数百字，应该是极有价值的。可是，胡玉缙《四库全书总目提要补正》却认为，"《提要》[①]此语，迂回不得其恉……孟《易》非壁中，尤足破《提要》之惑"，似乎并不领情。然则文津阁本无此按语，似乎也算不上是缺点。

同理，《总目》定稿刊行在文津、文渊各阁本之后，因而我们相信它增删一定较好，校对也较精。大体言之，固然是如此，但相反之例却也不罕见。

先说文字。

《释名》解释兵器说"刀室曰削，室口之饰曰琫，下末之饰曰珌"。文津阁本"下"作"室"，就比较好。

《急就章》：《总目》提到冯氏校本，文津阁本明言为冯舒，亦较好。

---

① 即《四库全书总目提要》，后同。——编者

《说文系传考异》：《总目》说"因参以今本《说文》，旁参所引诸书"。后面一个"参"字明显是涉前一"参"字而误，文津阁本作"旁证"就对了。

同样的情况，是《附释文互注礼部韵略》。《总目》的"嘉定中嘉定府教授"，后一"定"字亦涉前而误，应依文津阁本作"嘉兴府"。

这是文津阁本与《总目》文字不同，而文津阁本较胜的例子。另一种是句段不同，但是可相参稽。

如《重修广韵》的"潘耒序"，文津阁本作"潘耒《遂初堂集》亦有此书序"，语意较为完整。

《增修互注礼部韵略》：《总目》只说"宋毛晃增注"。文津阁本也说得较详，为"宋衢州免解进士毛晃增注"。"（毛）居正尝作《六经正误》"底下，文津阁本接着说，"又尝校正监版九经，盖以经义世其家者"。"是书因丁度《礼部韵略》收字太狭"之下，文津阁本也接着说，"元祐五年，博士孙谔陈乞添收；绍兴十一年进士黄启宗更为补辑，犹未完备"。《总目》若真是后来删订，就不知它删的道理何在了。

这样的情形很不少。如《重修广韵》，《总目》只说该书漫引草木虫鱼，"宜为丁度之所讥"，似乎丁度只讥其枝蔓。查文津阁本，才知丁度还讥了它别的事："丁度讥其一字之左兼载他切，既不该尽，徒酿细文；又姓望之出，广陈名系，既乖字训，复类谱牒，其说当矣。"两相比较，文津阁本不但较详，且《重修广韵》既是韵书，本来就会备载山川宫室、草木虫鱼之名。枝蔓虽是缺点，却并非大毛病。一字之左兼录其他反切以及把文字训诂之书当成谱牒来写，才是大问题。《总目》不究心于此，而只就其枝蔓说，亦不知其删削之故为何。

又，《广韵》，《总目》的见解是说，《唐志》《宋志》皆载陆法言《广韵》五卷，则法言《切韵》亦兼"广韵"之名。此说，俞正燮《癸巳存稿》卷三曾驳之曰，"《唐志》实无此文，'广韵'亦是增广之称，法言不应先有此名也"。按理说，俞氏是对的。但四库馆臣的意见，《总目》所反映的只是一部分，另一部分就应看文津阁本。它说"而陆德明《庄子释文》亦引《广韵》，则'广韵'之名实在《唐韵》之前"。语意与《总目》是不同的。此即可以参稽也。

《九经补韵》的作者杨伯嵒，文津阁本说他字"彦瞻"，《总目》说字"彦思"。《五音集韵》：《总目》说"世称以等韵颠倒字纽，始于元熊忠《韵会举要》"。文津阁本作"元黄公绍《韵会》"，亦是此类。

可是我认为：《韵会》旧本提要，首题黄公绍编辑、熊忠举要，则两者合起来是一本书。《总目》以为不然，力言黄氏《韵会》别为一本，并谓熊氏书字纽遵金韩道昭《五音集韵》之法，部分又从刘渊之例，而以七音、四等、三十六母移易唐宋之字纽，使韵书为之一变者，便是韩氏。既如此，以等韵颠倒字纽，又怎么会始于熊忠呢？《总目》自相矛盾，固不足信；文津阁本说此法始于黄氏，也一样矛盾，因《总目》已说黄氏《韵会》乃是另一本书了。

句段不同最甚者，当然是通篇改作。这种例子也不少，如《钦定音韵阐微》《钦定同文韵统》《钦定叶韵汇辑》《韵补正》等都是。大体上《总目》加详加密，大胜于文津阁本。

但文津阁本也有些优点，《总目》重作之提要不尽能包括。如《钦定叶韵汇辑》，文津阁本论吴棫、朱子、杨慎、邵长蘅诸家音学的部分，便颇有参考价值。

《总目》在各阁本的基础上增删，大体上又是增多而删少的，因此《总目》的提要常要比文津阁本字数多得多。这些多出来的文句，自然可让我们明白当年增订的经过，但删的地方也不宜忽略，而且删掉的部分也未见得就无价值。

例如《说文系传考异》，《总目》只说"徐锴作《说文系传》四十卷，岁久散佚"。比对文津阁本，才知此处删掉了以下这一大段文字："郑樵《通志》所载，已亡二卷，李焘搜访，岁久仅得七八，阙卷误字，无所是正。见所作《五音谱序》，厥后虽有传本，而其中第二十五卷迄不复得。据王应麟《玉海》，则宋时已无完帙矣。"这段话，远比一句"岁久散佚"清楚有用，不知何以删去。

又，《干禄字书》，《总目》说它"非诡称复古，以奇怪钓名"。查文津阁本，这里原是："非诡称复古，非篆非隶，以奇怪钓名者比。元孙序曰：'自改篆行隶，渐失本真，若总据《说文》，便下笔多碍。当去泰去甚，使轻重合宜。'其言本诸《颜氏家训》，可谓通方之论，非一隅之见矣。"这一段删去，实在也很可惜。

至于《韵补正》的提要与文津阁本完全不同，或许是尽削旧稿，另起炉灶。但文津阁本看来也并不是因为错误故遭到芟弃，而是换了一个论述的方向与重点。凡此种种，均待学者细参。

五湖四海的意识程序

晚清到"五四"的近代史很丰富。但现在谈近代史的，却极乏味，陈腔滥调，翻来覆去。

偏偏现代人又最爱谈近代史。可惜谈来谈去，无非说：近百年来中国之历史，即是一部面对西方挑战的历史。

于是着重叙述西力如何东渐，如何冲击了老大的中华帝国。中国人则分两种，一种愚昧，不知时变；一种警醒了，努力改革。后面这种人，引进西学，变法、维新、革命、启蒙，不断改造传统（或用封建、专制、半殖民地半封建社会、父权等形容词）社会与文化。

整个近代史研究的基调，不就是如此吗？

但这个弥漫大陆、台湾、海外华裔学者所用来分析描述的"我国近代史"，其实正是西方人所看到的东方中国。

这，是个典型的西方观点！我们以为是在谈着自己，而实际上乃在说着他人。就像我们说"遥远的东方有一条龙"或"台湾是远东地区最重要的战略岛屿"一样，是用西方人的观点来看。

而可哀的是，这个观点与视域，现在连西方人也感到羞愧了，我们竟仍使用得心安理得。

我在1986年出版《诗史本色与妙悟》，即呼吁开拓诠释学以重建中国文学理论。1987年出版《思想与文化》，批判近代史学的各种解释模型，提议建立新的中国文化史学。其后，又陆续发表《传统与现代：当今意识纠结的危机》《传统与反传统——以章太炎为线索论晚清到五四的文化变迁》等文，质疑现代化理论在近代思想史、文学史上的解释效力，检讨近代流行的传统观。还出版了《文化符号学》《近代思想史散论》等书，想替已在东方主义论述中逐渐不晓得如何自我辨识、自我称呼的中国社会与文化，自我发声。

三十多年过去，自己都渐渐对这样喋喋不休感到厌倦了，但环顾学界，整个近代文学史和思想史的诠解，却依然如故。对我的呼吁，如未听闻；对外国近代史学界已转向"在中国发现历史"的趋势，缺乏兴趣；对文化批评界反省东方主义的思潮，不甚注意；对近代思想及文学史料，仍草草视之，仍套用"现代化理论"及"帝国主义理论"等声口在发言。如此景观，实在令人丧气。

幸而反省的声音偶尔仍会在角落中响起。如王德威对晚清小说的研究，或蔡锦昌《东方社会的东方论：从名的作用谈国家对传统文化的再造》、朱耀伟《后东方主义：中西文化批评论述策略》等都是。

王德威所欲颠覆的，是晚清以来的小说史观，说明晚清小说未必要以"感时忧国"的角度来把握，其中实不乏谐谑为戏的部分；而所谓写实主义，其内涵也不如近代论者所知那么狭隘。其说涉及面虽窄，却有洞见。至于朱氏之书，则系反省东方主义。

这本书的整体脉络，延伸自萨义德（Edward W. Said）的《东方主义》《文化与帝国主义》等书，指出所谓东方或东方中国，其实只是西方殖民者塑造出来的形象。20世纪前半叶，许多中国人在研究中国时，却根据这个东方主义态度，一再复述主流（西方）论述所既定的意识形态，创造了一个不能发声的客体，且自己在压抑真正的中国论述，以致中国或东方已被凝结于西方的视野中，完全丧失了主体性，被西方压倒性地支配。

中国论述已沦为少数论述（minority discourse），处于与黑人、女性、少数民族、第三世界论述相仿佛的处境，令朱氏不安。他企图从解构、后殖民、诠释学、后现代等学科资源中去发展一套与东方主义不同的"另类中国诠释学"，抗衡既有的中国论述。

因此他反对以西方的观念、术语、理论去诠释中国文学经典。一方面，朱氏相信借用西方概念去处理中国材料是不对的，但另一方面他又担心人们被迫去如此做。不遵照支配性论述的游戏规则的中国论述，最多只会被认为是"神秘的"，而在最坏的情况中更会被全然排除在主流文化之外。朱氏担心假如我们不能进入西方论述之中，从内为中国的诠释系统发音的话，任何努力皆只会被主流文化视为"他者"，沦为边缘的、神秘的、诡异的，甚至不能理解的。

由这个立场，他把"中国诠释学"分成若干类：（1）可以对西方诠释学的发展及其对诠释和理解的问题之贡献引以为鉴，从而系统地处理中国文化传统中的诠释问题。（2）也可以强调中国诠释系统之"中国性"，而这种"中国性"是西方所不能理解的。但这种策略似乎对拓展比较论述无甚裨益，使中国论述沦为不能与外来文化沟通的神秘他者。（3）也可以将中西传统并置。但如此并置可能会让支配性的一方扭曲了"他者的论述"。（4）相互的陌生化（mutual defamiliarization），亦即经常质疑我们的构建方法。把所谓"中国诠释学"看作一种质疑既存的支配性论述范畴的工具，让中国通过现代的论述（"论述"这个概念本就是现代的）来在某特定的历史脉络中进入现在，从而质疑西方论述实践中所容许知识生产及播散的过程。

朱耀伟自己主张的办法是第四种。为什么呢？他从福柯那里了解到知识与权力的关系，觉得要重建文化，我们得要有自己的论述。我们自己的论述却得借用西方的声音，因为合法性是论述的条件，也是由主导论述所支配的条件。

所以要为自己发音，我们无可避免地要借用西方论述。

我们所要做的，是在主导系统的西方论述所开展的文本及政治性空间中发音，以不同的角度、不同的抗衡姿态去形成另一种论述，拓展出自己的论述空间。

他的理论有些夹缠，行文有点佶屈聱牙，坚持借用西方现代论述，然后由其中开拓不同于西方的抗衡论述，更易使得读者在一大堆"论述""他者""文本性""暴力等级""位置""解构"及外国人名中打转。但其中确实处理到了相当关键的方法问题，值得注意。（整个东方主义，实含两个面向，一是视东方为野蛮、落后、愚昧、僵滞的社会；一却是代表了西方已失落的精神价值，欧洲可通过亚洲东方而带来重生的希望。本文主要集中在前一类的讨论上，但我们千万不要忘记还有后一类的东方主义类型，动辄宣称东方文化是拯救西洋人心灵失落的丹药，动辄称引西方人说文明的希望在东方。这类言论，在过去是以和前一类见解相对抗、相平衡的方式，存在于我们社会中的，然两者实为一体之两面，出自完全相同的思维和心态。）

当然，在现代化观点仍然是主流势力的社会里，要反省有关东方主义之问题，不免被视为"种族主义""文化保守主义""仍有遗老遗少心态"，引起许多攻击（其实是他们的自我防卫）。

但其实问题不需如此看。任何研究者，都有必要自我反省他所使用的思维架构、评价系统、术语及理论，也应该要觉察他这些装备的使用效度。这是一个研究学问的人基本的态度和能力。

听见"近代中国思想史即是一部向西方学习的历史"这样一句话，自然就该追问："近代"是什么意思？用马克思主义来区分吗？指资本主义工业化社会吗？近代人曾向西方学习吗？所谓向西方学习，是只做描述语，还是用作指向词？指抛弃东方，如日本"脱亚入欧论"那样吗？该不该向西方学习？不向西方学习之事例都有哪些？我们以为曾向西方学习的人真要学西方，以抛弃东方吗？被指应予抛弃的东方古代社会，据说是封建专制或父权的。"封建"是啥意思？什么叫专制？指摘中国是专制社会的来历和论据各如何？以完全认同"向西方学习"的态度来治史，是否符合现代化典范所自我标榜的客观、价值中立原则？没有这样的追问，能称为学术研究？

近代思想史、文学史研究，在我看来，即是这样尚未学术化的领域。对其中任何一个人物、事件、文献、论题，如魏源、王韬、黄公度、晚清小说、五四运动、中日现代化之比较等，恐怕都应重新展开研究。

针对这项建设性的提议，我想再提供一些操作上的方法：

一、放弃"西化派""传统派""自由主义""保守主义""革命""反动"等各种标签，不再以此为认知指向。

例如梁漱溟，能用文化保守主义来辨识吗？他在《中国文化要义》中说，我国没有产业革命，"实为中国之无革命之因，亦为中国无革命之果。这就是说：一面由于经济之不进，而文化和政治（礼俗、法制）不变；同时一面亦由于文化和政治之不变，而经济不进步了。正为两面交相牵掣，乃陷于绝地"。这不就是典型的东方主义观点吗？

主张维新变法的康有为，所根据的或许是春秋公羊学及其所理解之孟子学，而非倾向现代资本主义；其所宣扬之"孔教""大同"理想，更是超越了现代资本主义，又与西方社会主义不尽相同。说他早年向西方学习而晚年保守反动，真是不知所云。

至于陈独秀，固然是革命分子，固然曾倡言废汉字，代以世界语，但他所做的中国文字研究，如《中国古代语音有复声母说》《荀子韵表及考释》《古音阴阳入互用例表》《实庵字说》《连语类编》《晋吕静韵集目》《识字初阶》《干支为字母说》等，其意义又岂仅"革命"一词、"向西方学习马克思主义"一语所能概括？即如所谓东方主义，亦未必能概括晚清民初批评中国长期停滞，或云中国为封建专制社会的人们。因为这些指摘中国文化与社会的观点，不全然出自欧洲中心的东方论，更常见诸西方人对西方历史的自我理解。

西方人对其中古时期、封建社会、父权结构的负面措辞，和他们批评中国古代，其实并无本质之不同。因此，论者可能只是挪用西方人的西方论，而未必即为运用了西方殖民观点的东方论。

诸如此类，一切混杂于西方史学传统、东方主义、现代化理论、帝国主义革命论之间，乱七八糟的标签，都应尽可能放弃不用，或重新质疑其有效性。

二、注意中西对举论述中不曾涉及的广大领域。

过去的讨论太集中在中国和西方有关系的部分，如鸦片战争、太平天国、中外贸易、义和团、外交关系、传教问题、通商口岸之生活与制度等。仿佛晚清到民初的这一段历史，就是由洋务运动、维新运动、辛亥革命、五四运动串组而成的。

由此观点看，对于诗歌在晚清民初波澜壮阔、成就非凡的发展，就只注意到一个"诗界维新"，一个白话诗的尝试，其他绝少讨论。词，没有维新或革命的问题，就更没人管。词话，只关心《人间词话》，因为据说其中含有西方新思想。古文、骈文，什么都是这样，观看之视域，可说狭窄极了。

对于与中西对举论述无关的许多新生事物，也缺乏关怀。例如清末出现的《洞冥记》，主张玉皇大帝退位禅让，选出关公继任，影响民间甚巨，台湾现今不少教派都与此有关。其他如天德教、同善社、悟善社、世界红卍字会等善堂形态的会道门之崛起，佛教之复兴，道教之仙学化，不也是极为重要的事吗？谈近代思想史时为何不讲？

又如戏剧，论者只注意到文明戏①的兴起，只注意钱玄

---

① 即新剧。中国早期话剧。辛亥革命前在中国戏曲改良运动以及欧洲戏剧、日本新派剧的影响下产生。——编者

同等人改革旧剧之意见，却罕能留意整个传统戏剧要到20世纪二三十年代才发展到高峰的事实。传统戏名角辈出，剧码戏本不断重编新修，表演方式不断改进创新而经典化，乃是在所谓新文学、新文化运动之后，也是在所谓传统已被打倒之后。

诸如此类，都是中西对举论述中所难以觉察的，其领域广大，内涵丰富，不宜淡漠视之。

三、讨论"重估价值"的时代，首应重估其价值。

"五四"时期，曾以重新估定一切传统文化之价值自许。而后来研究晚清以迄五四运动者，多半只是顺着他们的批判，依循他们用以批判传统的价值观在说话，很少重估他们的批判是否有价值，并检讨他们的价值观之价值。

这不是研究，只是抄些资料来复述而已。

不错，当时是有不少知识分子借着重估传统之价值，来突破桎梏，追求自由、民主与科学。但此种作为之性质与策略，不是无可争辩的。批判吃人的礼教，口号很响亮，然礼教之意义与功能只在吃人乎？诗界维新、白话诗运动，在艺术上真走对了路？辛亥革命和五四运动带来了"民主"与"科学"等口号，然而提倡民主与科学之后果，真无危机吗？民主主义与科学主义的灾难，提倡诸公是否须尸其咎？

没有这些观点，我们为什么要讨论百年前的陈年往事？述史论史之意义何在？

何况，正如波兰尼在《巨变：当代政治与经济的起源》

一书中所说，对于工业革命，无数诗人、思想家与作家都刻画出它的残忍性。英国学者与皇家委员会都一致谴责工业革命的恐怖。工业革命所带来的巨变，常是西方文学家、思想家反省的起点，批判精神的立基处。如波兰尼本人即认为资本主义市场经济，根本就是文明的灾难；法西斯主义和两次世界大战，皆源于自律性市场之兴起。可是我们却几乎完全以正面论述来讨论近代中国的社会文化变迁，将之视为摆脱网罗的喜悦起点。这样，行吗？

欲总体改造、重新出发的中国近代史研究，操作技术当然还多的是，但重点是大家得先换换脑子。

今人不解文章，但言学问

看到题目先别反对，这不是我说的，虽然我也赞成，这是章学诚（实斋）说的。本文就要介绍他为何如此说。

章学诚，近百年来大走红运，深受史学界重视。"清代史学界之有章学诚，清代史学之无限光彩也。迄至今日，集中国史学理论与方法大成之人物，惟有章氏当之而无愧，章氏亦为中国罕见之史学思想家。"这是史学界标准的口吻。

但他真的是史学家吗？哈哈，非也，大家都弄错了！

章学诚是文史学家。其著作叫作《文史通义》，而非《史通》。仅知其为史学家，非真能知章学诚者也。

他在近代倒了大霉，因被误读而暴享大名。甚至还有人夸他的重大贡献即在于区分文史、史学独立。但其实他是讲文史通义的。文史相通，其学乃是一种文史学。不了解他的文学观，就无法了解其史论，只从史学说，是绝不能懂他的。

一、文史通义

据章实斋自己描述，他在京从学于朱筠，主要是与邵晋涵等人练习写文章。后来实斋论文，谈文律，贵清真，又推崇邵晋涵从祖父邵念鲁，均与此一经历有关。

邵是实斋最重要的朋友，实斋子即拜晋涵为师。二人论学，以论文始。厥后实斋亦以善文名，故邵氏于《文史通义》有按语称"同人素爱章氏文"。实斋亦以能文自喜，且以此规劝邵晋涵，惜其不文，曰：

> 君家念鲁先生有言："文章有关世道，不可不作；文采未极，亦不妨作。"仆非能文者也，服膺先生遗言，不敢无所撰著，足下亦许以为且可矣。

> 足下于文，漫不留意，立言宗旨，未见有所发明，此非足下有疏于学，恐于闻道之日犹有待也。足下博综十倍于仆，用力之勤亦十倍于仆，而闻见之择执，博综之要领，尚未见其一言蔽而万绪该也。足下于斯，岂得无意乎？

他认为邵晋涵闻见虽博，用功虽勤，但不重视写文章，所以不能用自己的话把所知道的东西择精举要讲出来。

这样的批评，里面蕴涵了一个类似汉代王充的说法。王充认为经生跟文人不同，经生是述者，重在笺注诠释古人之言；文人能著作，自己立言，所以文人高于经生。章实斋也是如此，故说邵晋涵："足下既疏《尔雅》，则于古今言语能通达矣；以足下之学，岂特解释人言，竟无自得于言者乎?"

章实斋把他的著作定名为"文史通义"，又把几封信收入《文史通义》，且区分注记与著作之不同，都与此有关。

《文史通义》中特录《古文公式》《古文十弊》等，又说"余论古文辞义例，自与知好诸君书，凡数十通；笔为论著，又有《文德》《文理》《质性》《黠陋》《俗嫌》《俗忌》诸篇，亦详哉其言之矣"，也都可见他重文之意。

可惜世之论实斋者，但云彼为史家而已，于其论文重文之旨，茫然未晓，漠焉不察。

实斋《答甄秀才论修志第一书》曾自述平生志趣云："丈夫生不为史臣，亦当从名公巨卿，执笔充书记，而因得论列当世，以文章见用于时，如纂修志乘，亦其中之一事也。"这一段，表明他以作史为志业，固无疑义。但应注意的是写史修志这些事，他是放在什么地位上看的。

显然他是把写史修志跟替公卿做文书幕僚并为一谈，自我期许"以文章见用于时"的。写史修志，在此便成为文章之业。实斋持论，与其他史家颇为不同，正在于这样的认定。

因此，他在《州县请立志科议》中说，"苟无三代之文章，虽有三代之事功，不能昭揭如日月也"。

写史，光有事实没有用，主要是文字功夫。所以州县应"特立志科，金典吏之稍明于文法者，以充其选，而且立为成法，俾如法以纪载，略如案牍之有公式焉，则无妄作聪明之弊矣。积数十年之久，则访能文学而通史裁者，笔削以为成书"。文字记载皆有成法、公式，是作史的基础。最后笔削成史，亦非擅文章者不能办。

这样的讲法，不就是以史撰为文事吗？包括他论记载之成法、案牍之公式，也跟他论文律、古文公式相似，史笔上的相关要求与想法，仍须经由其文学观去了解。

二、历史写作

实斋《上朱大司马论文》说：

> 唐宋至今，积学之士，不过史纂、史考、史例；能文之士，不过史选、史评，古人所为史学，则未之闻矣。昔曹子建薄词赋，而欲采庶官实录，成一家言；韩退之鄙鸿辞，而欲求国家遗事，作唐一经；似古人著述，必以史学为归。

> 盖文辞以叙事为难，今古人才，骋其学力所至，辞命议论，恢恢有余，至于叙事，汲汲形其不足，以是为最难也。……然古文必推叙事，叙事实出史学，其源本

于《春秋》"比事属辞"，左、史、班、陈家学渊源，甚于汉廷经师之授受。马曰"好学深思，心知其意"，班曰"纬六经，缀道纲，函雅故，通古今"者，《春秋》家学，递相祖述，虽沈约、魏收之徒，去之甚远，而别识心裁，时有得其仿佛。

意思是说：文史可合，古文推源于《春秋》。文人应当要像曹植、韩愈那样，不只以辞赋（即出于诗教的那一部分）为满足，更要能汲取于《春秋》，得比事属辞之法。

这一方面是重新把文学拉回到属于史学的阵营，谓其源除了《诗》以外，亦出于《春秋》。一方面则是说史比辞赋更高，文人应致力于史。另一方面，又界定了文学与史学相通之处，主要在叙事。

这几点，乃是实斋之学的重心所在。因为实斋论史，其实最重视的就是史文。

史文，一般史家都不在意，谓为书写的文字技巧而已。民国以来，实证史学、考史风气炽盛，更是只会考史而不重视写史，故一谈史学，就高谈史识、史料、史考等，并以为实斋也是如此。实斋岂如是乎？请继续看下文：

故六经以还，著述之才，不尽于经解、诸子、诗赋、文集，而尽于史学。凡百家之学，攻取而才见优者，入于史学而无不绌也。记事之法，有损无增，一字之增，是造伪也。往往有极意敷张，其事弗显，刊落浓辞，微文旁缀，而情状跃然，是贵得其意也。记言之法，增损无常，惟作者之所欲，然必推言者当日意中之所有，虽增千百言而不为多。苟言虽成文，而推言者当日意中所本无，虽一字之增，亦造伪也。或有原文繁富，而意未昭明，减省文句，而意转刻露者，是又以损为增，变化多端，不可笔墨罄也。

这是对写史的方法的讨论。左史记言，右史记事，记言记事各有其笔法。怎样刊落浮辞，怎样删繁就简，怎样增损变化，怎样敷张旁缀，都是文字上的功夫。这种功夫，考史者不会注意，但像实斋这类强调作史须"成一家著述"的人却格外重视，甚至把写史比喻为天帝造化世界，陶钧熔裁，至为神妙：

夫师之为巨室度材，比于燮理阴阳；名医之制方剂炮炙，通乎鬼神造化；史家诠次群言，亦若是焉已尔。……化而裁者，中有调剂，而人不知也。……古语不可入今，则当疏以达之；俚言不可杂雅，则当温以润之。辞则必称其体，语则必肖其人。质野不可用文语，而猥鄙须删；急遽不可以为宛辞，而曲折仍见；文移须从公式，而案牍又不宜徇；骈丽不入史裁，而诏表亦岂可废！此皆中有调剂，而人不知也。

这一大段，讲的是一种文学创作的功夫，只不过其写作非虚构性的罢了。整个收集素材、熔裁变化而出之的过程，与《文赋》《文心雕龙》所述者，适可相发。实斋于此，引杜甫为说，尤足以见其用意：

> 杜子美曰："文章千古事，得失寸心知。"史家点窜古今文字，必具"天地为炉，万物为铜，阴阳为炭，造化为工"之意，而后可与言作述之妙。当其得心应手，实有东海扬帆，瞬息千里，乘风驭云，鞭霆掣电之奇；及遇根节蟠错，亦有五丁开山，咫尺险巇，左顾右盼，椎凿难施之困。非亲尝其境，难以喻此中之甘苦也。

对史家文字功夫的重视，莫甚于此。本此见解以论史，重文之语，自然极多。何炳松在《读章学诚〈文史通义〉札记》说："章氏力主史学应离文学而独立，廓清数千年来文史合一之弊。"真是南辕北辙，完全说反了。

实斋云"古人记言与记事之文，莫不有本。本于口耳之受授者，笔主于创，创则期于适如其事与言而已；本于竹帛之成文者，笔生于因，因则期于适如其文之指"。无论记言或记事，是创文还是因据文献，都需要文笔能够达旨适事。史学能脱离文学吗？历史写作不就是文学作品吗？在《〈和州志·列传〉总论》中，他又说：

司马迁曰："百家言不雅驯，缙绅先生难言之。"又曰："不离古文者近是。"又曰："择其言尤雅者。""载籍极博，折衷六艺。《诗》《书》虽阙，虞、夏可知。"然则旁推曲证，闻见相参；显微阐幽，折衷至当，要使文成法立，安可拘拘为划地之趋哉！

夫合甘辛而致味，通纂组以成文，低昂时代，衡鉴土风①，论世之学也。……言之不文，行之不远，聚公私之记载，参百家之短长，不能自具心裁，而斤斤焉徒为文案之孔目，何以使观者兴起而遽欲刊垂不朽耶！

实斋此处所谓的"心裁"，正是《文心雕龙》所谓"熔裁"之"裁"。熔裁于心，故曰"心裁"。其引述司马迁语，专挑史迁谈立言之雅者说，更可以看出他的祈向所在。故特言"言之不文，行之不远"。

《〈和州志·阙访列传〉序例》说自己修志，"今用史氏通裁，特标列传，务取有文可诵，据实堪书"，亦是重文之旨。他在《〈永清县志·职官表〉序例》中感慨，官仪簿状、列表编年和"历官纪数之书，每以无文而易亡"，则恰好呼应了"言之不文，行之不远"之说。

---

① 各版本多作"士风"。——编者

三、文章义法

谈写史，当然重文。重文，就会强调陶钧熔裁，神变无方，以此见史家为文之用心。但如此说，文章写作就变成天才的创造，一切断之于心。但实斋对此，仅是借此说以示为文之神妙而已，真讲到作文写史，还必须经示人以规矩。这规矩，就是他所谓的史法、史例，或称为法度义例。必须要具有这些规矩绳墨，史文写作才有规范可言，才不会鄙倍伤雅。

心裁与史例，相辅相成，历史写作，才有可观。如此，既有文采，又不至于华而伤质。如《〈和州志·前志列传〉序例下》说：

> 书无家法，文不足观，易于散落也。唐、宋以后，史法失传，特言乎马、班专门之业，不能复耳。若其纪、表成规，志、传旧例，历久不渝，等于科举程式，功令条例，虽中庸史官，皆可勉副绳墨，粗就隐括。故书虽优劣不齐，短长互见，观者犹得操成格以衡笔削也。外志规矩荡然，体裁无准，摘比似类书，注记如簿册，质言似胥吏，文语若尺牍，观者茫然，莫能知其宗旨。

这就是讲史法的。实斋《与邵二云论文》说，"不知者以谓文贵抒己所欲言，岂可以成法而律文心；殊不知规矩方圆，输般实有所不得已，即曰神明变化，初不外乎此也"，与此段论史法正相发明。史法，犹如"文律"，具有定式。

史家或文章家要如何明白这些定式呢？实斋认为须知学术之源流，此即彼所云校雠之法：

> 凡一切古无今有、古有今无之书，其势判如霄壤，又安得执《七略》之成法以部次近日之文章乎？然家法不明，著作之所以日下也；部次不精，学术之所以日散也。就四部之成法，而能讨论流别，以使之恍然于古人官师合一之故，则文章之病，可以稍救，而《七略》之要旨，其亦可以有补于古人矣。

> 《七略》之古法终不可复，而四部之体质又不可改，则四部之中，附以辨章流别之义，以见文字之必有源委，亦治书之要法。

知古今学术之流别，文章才能知伦类，具规矩，各种文体的写作才能合乎义理。例如"论"体，原是先秦诸子立论之遗风，后来文人集中有论、说、辨、解各体以及书、牍、题、跋，都属于"论"这一体的派别，重在因事立言。诗赋之体，源于《诗经》，故后代诗赋溺于辞采，就非古史序诗之旨了。

奏议，则是敷陈治道的文体，最为重要，所以应该像写史书以"本纪"开头那样，编文选也应列"奏议"为首，而不当如《文选》般以赋居先。

他批评《元文类》"条别未分，其于文学源流，鲜所论次"，又说《中州集》《河汾诸老诗集》，"编次艺文，不明诸史体裁，乃以诗辞歌赋、记传杂文，全仿选文之例，列于书志之中，可谓不知伦类者也"，也都基于这种重视源流的看法。

透过这种源流观，文史又通而为一。因为源流条别，正是历史的。作文、选文，均该具备源流观，即是说作文、选文皆应具史义。作史时，对此等源流派别分合之故，更应注意，那就不用再说了。

文史因此而具规矩，有成法之后，则要求神而明之，变而化之。此即实斋所谓"心裁"。

义存乎心，故于微芒秒忽之际，有以独断于一心。这是实斋论别识心裁第一个重点，他谈史识、史德，即针对这一点而说。《文史通义·史德》云：

> 史所贵者义也，而所具者事也，所凭者文也。……非识无以断其义，非才无以善其文，非学无以练其事，三者固各有所近也，其中固有似之而非者也。记诵以为学也，辞采以为才也，击断以为识也，非良史之才学识也；虽刘氏之所谓才学识，犹未足以尽其理也。……能

具史识者，必知史德。德者何？谓著书者之心术也。夫秽史者所以自秽，谤书者所以自谤，素行为人所羞，文辞何足取重！……阴阳伏沴之患，乘于血气而入于心知，其中默运潜移，似公而实逞于私，似天而实蔽于人，发为文辞，至于害义而违道，其人犹不自知也。故曰心术不可不慎也。

心术正，则识见明，自然不会违道害义。这是史识，也是文德。《文史通义·文德》呼应之曰："凡为古文辞者，必敬以恕。……知临文之不可无敬恕，则知文德矣。"文德既同乎史德，文史又通而为一了，所以《文史通义·文德》继云"古文辞而不由史出，是饮食不本于稼穑也"。

论文章而强调心术，其言论便会正视一种超越文字辞藻层面的性质，认为写文章的人重要的不是修辞，而是作者的道德、见识或主张。

这些内涵，先于或重于文辞。实斋论文法文律时，谈的是修辞层面的事；此类论心裁别识之言论，着重的却正是才、学、识、意、德等这些属于内涵的东西。像《文史通义·言公上》说，"作史贵知其意，非同于掌故，仅求事文之末也"，《文史通义·答问》说"文人之文，与著述之文，不可同日语也。著述必有立于文辞之先者，假文辞以达之而已"，都是如此。运用本末、先后、内外等思维架构，界定文字修辞跟心术、才、学、识、意等的关系。

在这方面，实斋其实非常像唐宋古文家。而若再把他谈文法、史法那一部分合起来看，则他既讲法又讲义，岂不也甚似同时代的桐城派古文家吗？桐城派论义法，"义"谓"言有物"，"法"谓"言有序"。实斋之说，未能外之。

其不同者，在于实斋是把文章义法关联于史学上说。但桐城派也未必就不论史学，其说多就《史记》揣摩研练而得，与实斋高举《春秋》，挟天子以令诸侯者固或有异，然义法通用于文章史乘则是一致的。

实斋真正立论独到之处，是把别识心裁的功夫，连类于《诗》《书》《易》。《校雠通义》卷三《汉志六艺第十三》更说：

> 孟子曰："《诗》亡然后《春秋》作。"《春秋》与《诗》相表里，其旨可自得于韩氏之《外传》；史家学《春秋》者必深于《诗》，若司马迁百三十篇是也。

在单独说《春秋》时，实斋以《春秋》为"法度"与"心裁"兼合的典范。可是在并说五经时，《春秋》比事属辞之学，就主要代表着法度那一面，其神明变化、别识心裁者，辄当于《诗》《易》求之。《易》之象、《诗》之比兴，与《春秋》的谨严、《周官》的法度相配合，才足以为史学写作的最高境界，故云"史家学《春秋》者必深于《诗》"。

四、自成一家

实斋如此通义文史，持论其实大异于一般史家。他论修志，特重艺文，曰："州县志乘艺文之篇不可不熟议也！"又欲"仿《文选》《文苑》之体而作'文征'"，与志相辅。凡此之类，均可见其重视艺文之意，认为在史书体制方面，文史可以互辅，交相裨益。

此为实斋特识之处。然论史志者对他这些讲法颇不谓然，如王闿运即云：

> 阅章学诚《文史通义》，言方志体例甚详。然别立"文征"一门，未为史法，其词亦过辨求胜，要之以志为史，则得之矣。……"《诗》亡然后《春秋》作"，此特假言耳，《春秋》岂可代《诗》乎？孟子受《春秋》，知其为天子之事，不可云王者微而孔子兴，故托云《诗》亡。而章君入诗文于方志，岂不乖类？

此说着眼于文史之分，与实斋主张文史相通、文史相辅、文史交相裨益、《诗》与《春秋》并兼者异趣。

实斋同时期的史家，亦罕有如此取径者，大抵均就经史论分合，不由文史谈通义。例如钱大昕，以经合史，谓经史非二学：

经与史岂有二学哉？昔宣尼赞修六经，而《尚书》《春秋》实为史家之权舆。汉世刘向父子校理秘文为六略，而《世本》《楚汉春秋》《太史公书》《汉著纪》列于春秋家，《高祖传》《孝文传》列于儒家，初无经史之别。厥后兰台、东观，作者益繁，李充、荀勖等创立四部，而经史始分，然不闻陋史而荣经也。

而王鸣盛则认为经史有同有异，《十七史商榷·序》说：

予束发好谈史学，将壮辍史而治经，经既竣，乃重理史业。摩研排缵，二纪余年，始悟读史之法，与读经小异而大同。何以言之？经以明道，而求道者不必空执义理以求之也。但当正文字，辨音读，释训诂，通传注，则义理自见，而道在其中矣。……读史者不必以议论求法戒，而但当考其典制之实；不必以褒贬为与夺，而但当考其事迹之实，亦犹是也，故曰同也。若夫异者则有矣。治经断不敢驳经，而史则虽子长、孟坚，苟有所失，无妨箴而砭之，此其异也。抑治经岂特不敢驳经而已，经文艰奥难通，若于古传注凭己意择取融贯，犹未免于僭越，但当墨守汉人家法，定从一师，而不敢佗徒。至于史，则于正文有失，尚加箴砭，何论裴骃、颜师古一辈乎？其当择善而从，无庸偏徇，固不待言矣，故曰异也。要之二者虽有小异，而总归于务求切实之意则一也。

结论是经与史小异而大同。钱、王两家是乾隆年间治史的代表，以考史为主，如王鸣盛所言，考其典制，考其事迹，考其文字、音读、训诂。是以治经之法治史，故亦以尊经之说尊史，谓经史非二学，经史小异大同，以批判扬经抑史之习。这样的史学，是与当时的经学朴学风气相呼应的。

在这个时代风气中，章实斋显然是个异类。

他从文学的角度看，就觉得这批经史考证家都不懂文章，"近人则不解文章，但言学问，而所谓学问者，乃是功力，非学问也。功力之与学问，实相似而不同。记诵名数，搜剔遗逸，排纂门类，考订异同，途辙多端，实皆学者求知所用之功力尔！即于数者之中，能得其所以然，因而上阐古人精微，下启后人津逮，其中隐微可独喻，而难为他人言者，乃学问也。今人误执古人功力以为学问，毋怪学问之纷纷矣"。

"近人则不解文章，但言学问"，指的是时人只会整齐类比，考逸搜遗，而不能著述以成一家之言。著述才是史学，整齐类比、考逸搜遗，仅仅是史纂史考。

在这样的观念中，文章著述、史学其实是同一件事。文章最高的标准，就是史学。一般寻常文士的文章，到不了这个标准，故亦为实斋所批判：

> 文人之文，与著述之文，不可同日语也。著述必有立于文辞之先者，假文辞以达之而已。……故以文人之

见解而议著述之文辞，如以锦工玉工议庙堂之礼典也。

然就文论文，则一切文士见解，不可与论史文。……文士撰文，惟恐不自己出；史家之文，惟恐出之于己，其大本先不同矣。史体述而不造，史文而出于己，是为言之无征。无征，且不信于后也。识如郑樵，而讥班史于孝武前多袭迁书。然则迁书集《尚书》《世本》《春秋》《国策》《楚汉牒记》[1]，又何如哉？

今之所谓方志，非方志也。其古雅者，文人游戏，小记短书，清言丛说而已耳；其鄙俚者，文移案牍，江湖游乞，随俗应酬而已耳。

他认为古来《左传》《战国策》《史记》《汉书》都符合"良史莫不工文"之旨，而为一代之鸿文。但中古以下，才艺之士，多舞文弄墨，"溺于文辞以为观美之具焉"，不顾史事之正确与否。"以此为文，未有见其至者；以此为史，岂可与闻古人大体乎？"若要上复古良史之体，为文章之正，则须辨明一般辞章文士之文与史家之文有何不同。他主要从两方面来说，一是事，一是义。

---

[1] 即年表、世表之类作品，是以该书大概为《楚汉年表》之类的书，因不见于著录，故确指何书不详。——编者

"事"是说一般文人之文皆出于虚构想象，驰幽骋玄。史家则须征实："即如文士撰文，惟恐不自己出；史家之文，惟恐出之于己，其大本先不同矣。史体述而不造，史文而出于己，是为言之无征。无征，且不信于后也。"史家必须依据事实来写。

至于"义"，是说文人之文，只表现辞采之美观即可，史家著述之文则须中有所本，"有立于文辞之先者"。这个文章之义，前文已有说明。总之是应事有所本、义有所立的。持此标准以衡文士文集，遂多恶评，评方志史乘，亦辄谓其不符史著，仅成文士辞章或短书膁录。

实斋之文史学，即因此而左不协于同时代的经史学，右不同于同时代的辞章学，拔载独立，自成一队。他一再强调史学著述应成一家之言，可是他并未写成一部史著，倒是这个理论在当时同声者少，确实是成一家之言的。

五、浙东渊源

但在乾隆年间史学上独树一帜的章实斋，放在一个更大一点的视野中，却又并不孤独，可视为一个脉络发展中的小环节。

因为现在我们看清代学术，主要的焦点大抵都放在乾嘉朴学上。以这一点为基准，看清代学术，自然会以经学考证为中心。史学，就被视为经学发展以后继起的波潮。钱大昕、王鸣盛等以治经之法治史，力矫尊经抑史之风；章实斋云"六经皆史"，则折治经之风以入史途，故经学昌明之后，史学继盛。

如斯云云，是今人对清代学术史的基本描述。但若依章实斋"辨章学术，考镜源流"的要求来看，此说所描绘的地图，颇不正确，未能穷源竟委，遂令家数不明矣。

论者忽略了，清代史学不是在乾嘉以后才发展起来的。乾隆年间，治经者也许会像钱大昕所说，颇有尊经抑史之见，但从整个大的时代社会看，治经或许才是新风气。在乾隆以前，大约两百年间，史学却是主流。

《四库全书总目提要》中的《今献备遗》中说，"明人学无根柢，而最好著书，尤好作私史。其以累朝人物汇辑成编者，如雷礼之《列卿记》、杨豫孙之《名臣琬琰录》、焦竑之《国史献征录》，卷帙最为浩博"。

《明史例案》卷二《王横云史例议上》也说："明代野史、杂记、小录、郡书、家史，不下数百种。然以编年纪事者多，求其帝纪列传，纂辑成集者，绝少。惟郑晓之《吾学编》，王世贞之《史料》，何乔新①之《名山藏》，间备其体。"

以上评价明代史学，各有观点，但由他们的叙述中便不难发现：明代史学是极盛的，作史之风尤盛。

---

① 应为"何乔远"。——编者

其中野史众多，足为世重者不下百家。如王世贞的《弇山堂别集》《嘉靖以来首辅传》《明野史汇》，沈德符的《万历野获编》，陈建的《皇明从信录》《皇明通纪辑要》，邓元锡的《皇明书》，谈迁的《国榷》等，均为治史者所称。

明清易代之际，史学更盛。张岱的《石匮书》《石匮书后集》，谷应泰的《明史纪事本末》，吴梅村的《绥寇纪略》，查继佐的《罪惟录》，计六奇的《明季北略》《明季南略》，温睿临的《南疆逸史》，傅维鳞的《明书》等，多不胜数。特别是明清易代的沧桑之感，格外令人激生历史写作的意愿。

而从顺治二年（1645年）年开始开设明史馆，广征天下才彦修《明史》，修到乾隆四年（1739年）才正式进呈，这中间长达九十四年。

讲乾嘉朴学的人，无不注意到乾隆修《四库全书》、设四库馆对考证学的发展具有决定性的影响，而忽略了长达九十四年的大规模修史活动会对学术产生什么影响，这不是很奇怪吗？

何况，在官方修史之际，民间私修史书也未停止，庄廷鑨、戴名世案，都跟修史有关，其风气不难想见。

在这个风气中，最值得注意的是黄宗羲。黄宗羲的《明史案》《明儒学案》《明文海》以及黄百家和全祖望所续《宋元学案》，下启全祖望乃至江藩的学术史写作，是大家都知道的。黄氏重史例，则下启万斯同。明史开馆，既以他的

《明史案》为基础，又有万斯同、黄百家的参与，更时时咨询于他，他在整个史书修撰工作中居核心地位，亦毋庸置疑。

而章学诚的学术，即是溯源于浙东学派的。他本人对浙东史学或黄宗羲有多少了解，当然难说得很。因为他讲浙东浙西，是关联着博雅与专门、朱与陆而说的，谈到自己的史学，也并未与黄宗羲攀上关系。但从学术史的发展脉络看，章实斋恰好接上黄宗羲这一路。

这一路，重点与乾嘉以后着重于史料纂辑和史考者不同，重在作史。作史须有文采，但又不仅止于有文采，故自王世贞以来，就批评："《晋书》《南北史》《旧唐书》，稗官小说也。"可是既要修史，本身又不能不是文学家。王世贞、沈德符、张岱、吴梅村、钱牧斋、黄宗羲这些人就是榜样。这些文学家的史学观念，当然会与乾嘉以后那些只懂得讲史料考据者不同。

那些人，用章实斋的话来讲，就是"近人则不解文章，但言学问"。实斋的文史学，是不与之同调的。

可是，历史跟章学诚开了个玩笑。他被这批"不解文章，但言学问"的史学家拉进了史学阵营，并被拱为大宗师，顶礼膜拜。真是有冤也无处诉呀！